特色课程建设丛书
丛书主编　杨四耕

徐斐◎编著

幼儿园视觉艺术创意活动设计与实施

华东师范大学出版社
·上海·

图书在版编目(CIP)数据

幼儿园视觉艺术创意活动设计与实施/徐斐编著.—上海:华东师范大学出版社,2024
(特色课程建设丛书)
ISBN 978-7-5760-4766-0

Ⅰ.①幼… Ⅱ.①徐… Ⅲ.①艺术教育-教育研究-学前教育 Ⅳ.①G613.5

中国国家版本馆 CIP 数据核字(2024)第 097628 号

特色课程建设丛书
幼儿园视觉艺术创意活动设计与实施

丛书主编	杨四耕
编　　著	徐　斐
责任编辑	刘　佳
项目编辑	林青荻
特约审读	陈晓红
责任校对	彭华惠　时东明
装帧设计	卢晓红

出版发行	华东师范大学出版社
社　　址	上海市中山北路3663号　邮编 200062
网　　址	www.ecnupress.com.cn
电　　话	021-60821666　行政传真 021-62572105
客服电话	021-62865537　门市(邮购)电话 021-62869887
地　　址	上海市中山北路3663号华东师范大学校内先锋路口
网　　店	http://hdsdcbs.tmall.com

印 刷 者	浙江临安曙光印务有限公司
开　　本	787毫米×1092毫米　1/16
印　　张	14.25
字　　数	135千字
版　　次	2024年7月第1版
印　　次	2024年7月第1次
书　　号	ISBN 978-7-5760-4766-0
定　　价	48.00元

出版人　王　焰

(如发现本版图书有印订质量问题,请寄回本社客服中心调换或电话 021-62865537 联系)

丛书总序　走向课程自觉

在费孝通先生看来,文化自觉是生活在一定文化历史圈子里的人对其文化有"自知之明",并对其发展历程和未来有充分的认识。换言之,文化自觉就是文化的自我觉醒、自我反省和自我创建。

要提升学校课程品质,实现立德树人根本任务,文化自觉是不可或缺的。在我看来,课程领域的文化自觉就是课程自觉,它是人们基于对课程的理性认识,为着课程品质的提升而有清晰的目标意识和科学的路径观念,自觉参与课程变革实践的理性之思与理性之行。

课程自觉是一种有密度的自觉,它不是一个简单的概念,而是一种思想、一种行动、一种文化,包含课程自知、课程自在、课程自为、课程自省以及课程自立等基本构成。推进特色课程建设,我们需要怎样的课程自觉呢?

1. 清晰的课程自知。课程自知是人们对特定课程情境的自觉理解,对课程理念和愿景的清晰判断,对课程内容和框架的基本认识,对课程实施路径和方位的整体把握。认识课程,认识自我,这不是一件容易的事。对一位校长来说,课程自知意味着对学校课程规划的整体理解,自觉研判学校文化与课程建构的关系、育人目标与课程架构的关系、资源调配与课程实施的关系;对一位教师来说,课程自知意味着对学科课程群建设的自觉思考,自觉跳出"课程即科目""课程即教学内容"等狭隘的课程观,建立与立德树人要求相适应的崭新课程观。

2. 透彻的课程自在。萨特说:"存在先于本质。"他曾将"存在"分为"自在的存在"和"自为的存在","自在的存在"是物体同其本身等同的存在,"自为的存在"是同意识一起扩展的存在。课程自觉需要深刻理解课程自在的文化,需要完整把握课程自在的处境,需要清晰认识课程变革的制度环境和现实可能,进而意识到哪些是可为的,哪些是不可为的;哪些是必须做的,哪些是可选择的;哪些是自己就可为的,哪些是需要制

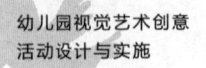

度支持的。

3. 积极的课程自为。按照萨特的观点,自为的存在是自我规定自己存在的。意识是自为的内在结构,自为的存在就是意识面对自我的在场。对课程变革而言,课程主体按照课程发展的规律,通过自身的自觉行为和实践实现课程品质的提升,就是课程自为。课程自为意味着我们对课程自在的不满足,意味着我们开动脑筋思考课程变革的空间,意味着我们通过直面本己的课程实践培育新的课程文化,意味着我们在积极卷入中推进课程的深度变革。

4. 深刻的课程自省。课程自省即课程反思。杜威曾将反思解释为"思我所思(thinking about thinking)",他鼓励专业人士审思每一个专业判断之下的潜在逻辑。课程变革是一种反思性实践,需要对实践进行反思,再将反思带到新的实践中去。反思性实践是一种主动且持续地审视理论、信念和假设的过程,它可以帮助我们在课程实践中更好地理解自我与他人,选择合适的方式应对可能的情境。课程反思是凌驾于思维之上的更高层次的反思。当你站在既定的框架里去检查这些规则的时候,是无法发现这些规则的问题的;如果你可以跳脱出来,不带评判和预设地去分析这些规则,其中的不妥之处就会被你看到。课程反思是一种能力,当你掌握了这项能力的时候,你就像"觉醒"了一样,一样的世界,你却会有不一样的"看法"。这就是哈贝马斯所谓的"沟通理性"概念,提升课程品质特别需要这样一种理性:反省、批判和论证。

5. 持守的课程自立。自立语出《礼记·儒行》:"力行以待取。"每一个人只有在自己的行动中,才能发现自己,才能向世界宣布他具有怎样的价值。课程自立是一个人认识到课程变革是自己的事,要有自己的立场、自己的创见,自持自守,不为外力所动,不随波逐流,进而"回到粗糙的地面"(维特根斯坦语),自觉参与到课程变革中来。课程自立本质上是在课程自知、课程自在、课程自为以及课程自省的作用之下,依靠自己的自觉和力量对课程实践有所贡献,并在此过程中逐渐提升自己的课程能力和专业成熟度,确证自己的"课程人"地位,成为"自己的国王"。

当我们有了清晰的课程自知、透彻的课程自在、积极的课程自为、深刻的课程自省以及持守的课程自立的时候,我们便做为"有创见的主体"主动地介入到课程设计、实施、评价与管理的全过程中去了,学校课程的深度变革便自然而然地发生了。

费孝通先生说:"文化自觉是一个艰巨的过程。"让课程意识从"睡眠状态""迷失状态"到"自觉状态",也是一个艰难而痛苦的过程。可喜的是,本套丛书的作者秉持课程自觉之精神,聚焦特色课程建设,在课程自知、课程自在、课程自为、课程自省和课程自立方面掘进,迎来了课程变革的新境界!

杨四耕
2020 年 7 月 3 日于上海市教育科学研究院

目录

序言 / 001

前言 这里，有我们甜蜜的梦想 / 001

第一章 幼儿园视觉艺术创意活动的现状分析 / 001

活动价值认识欠缺深度、活动内容显得片面、实施途径趋于狭隘、评价取向背离预期，这些问题都深刻地影响着幼儿园视觉艺术创意活动的走向以及幼儿的长远发展。

一、价值认识：欠深度 / 003
二、活动内容：显片面 / 005
三、实施途径：较狭隘 / 007
四、评价取向：有背离 / 009

第二章 幼儿园视觉艺术创意活动的理念建构 / 011

美育除了艺术活动内容之外，还应该拓展到生活中，在非艺术领域培养幼儿发现美、感受美的心灵，让幼儿用自己的方式赏画探究、寻花存美。

一、以美怡情，浓情育德 / 012

二、以美启慧，乐慧育智 / 017

三、以美增趣，拾趣育心 / 019

第三章　幼儿园视觉艺术创意活动的目标设计 / 027

站位儿童立场、思考当代生活、解读发展指南，聚焦活动设计的核心；关联幼儿的真实生活、倾听幼儿的真实心声，是设计视觉艺术创意活动课程目标的基本视点。

一、儿童立场：目标设计的核心 / 028

二、当代生活：目标设计的关键 / 030

三、发展指南：目标设计的依据 / 035

第四章　幼儿园视觉艺术创意活动的内容生成 / 039

从目标到内容，将抽象的育人理念转化为具体的育人实践；依据目标生成内容，联结起幼儿的已有经验和发展需要；把目标渗透于内容，展现幼儿美育的"润物细无声"。

一、走进自然：活跃内容生成 / 040

二、我爱我家：激荡内容生成 / 042

三、密云趣事：参与内容生成 / 043

四、我是大师：嵌入内容生成 / 046

第五章　幼儿园视觉艺术创意活动的实施策略 / 051

为幼儿创设美的浸润环境，给予幼儿"美的感染"；与幼儿共享美的互动体

验,让每一个幼儿在与环境的互动中吸纳"美的能量";让幼儿进行美的自主表达,用"美的滋养"帮助幼儿获得内在快乐的能力。

一、空间环境:创造艺术表现机会 / 052
二、实践操作:支持幼儿探索表达 / 062
三、展示分享:激发幼儿创新思维 / 067
四、节日浓趣:浓郁艺术创作氛围 / 073
五、时间融入:有机结合一日活动 / 078
六、游戏表演:艺术创意活跃起来 / 084
七、现场研学:助推幼儿艺术创意 / 089

第六章 幼儿园视觉艺术创意活动的资源开发 / 095

我们共读书籍,参观展览,拓展教师视野;制作艺术手册,解读幼儿创意;联动内外空间,打破固有边界。亲子互动、自然体验、社区交流,让多样资源适用于活动的各环节中。

一、园所:资源开发的中心 / 096
二、家庭:资源开发的基质 / 108
三、自然:资源开发的场域 / 109
四、社会:资源开发的视野 / 113

第七章 幼儿园视觉艺术创意活动的评价妙用 / 117

借助多元评价,我们能够更好地"看见"幼儿。通过分享性评价,看见幼儿的"独特"想法;通过表现性评价,看见幼儿的发展"过程";通过档案袋评价,看见幼儿的"成长"轨迹;通过差异性评价,看见幼儿的"个性"特质;通过激励性评价,看见幼儿的"自信"建立。

一、分享性评价:看见"独特" / 118
二、表现性评价:看见"过程" / 122
三、档案袋评价:看见"成长" / 143
四、差异性评价:看见"个性" / 146
五、激励性评价:看见"自信" / 155

附件 1:《密云路幼儿园视觉艺术创意坊活动操作指引》 / 161

附件 2:《密云路幼儿园幼儿表现性发展评价指南》 / 173

附件 3:《幼儿园视觉艺术创意坊的"五问五答"》 / 177

参考文献 / 197

后记 / 199

序言

　　重视儿童是社会文明进步的标志，幼儿发展优先也是学前教育的重要指导理念之一。2021年，上海市教育委员会教学研究室发布了《上海市学前教育"幼儿发展优先"研究计划》，立足"幼儿发展优先"，明确以幼儿发展为本既是上海市学前教育的行动遵循，又是上海学前教育发展的行动选择。

　　幼儿发展优先理念在学前教育领域具有极其重要的价值。其一，该理念强调以幼儿为中心，认为教育和培养幼儿应该以满足幼儿的需求和兴趣为重点，尊重幼儿的个体差异，充分发挥幼儿的主观能动性。其二，该理念提倡幼儿的全面发展，即幼儿发展的各个方面都应该得到充分的关注和培养，包括身体健康、社会情感、语言表达、智力等方面。其三，该理念尊重幼儿的主体地位，幼儿是自身权利、学习和发展的主体，在自然的生命状态下，展现自己独特的个性与生命价值。

　　要想让幼儿发展优先理念落地生根，离不开幼儿立场的教育支持，即转变成人视角的儿童观、课程观和资源观，密云路幼儿园视觉艺术创意活动课程的发展历程就很好地体现出了上述转变。在面对幼儿时，站位幼儿立场、思考当代生活、解读发展指南，关联幼儿真实生活、倾听幼儿真实心声，设定幼儿"创意素养"的培养目标；在课程设计的过程中，密云路幼儿园以幼儿需要与幼儿年龄发展特点为根据，回归幼儿的艺术本真，以促进幼儿全面可持续发展为首要目标，确立了"以美启慧，成就每一个"的课程理念；在活动实施的过程中，密云路幼儿园通过"美感"浸润视觉创意活动，让幼儿实现从"创意"表达到"素养"积淀的转变，并将幼儿美育扩展到日常生活中，在非艺术领域培养幼儿发现美、感受美的心灵；在开发资源的过程中，密云路幼儿园将"园所、家庭、自然、社会"四要素作为资源开发的"中心、基质、场域、视野"，让各类资源适用于活动的各个环节，真正联动园所内外空间，突破了固有边界。

　　除了"幼儿发展优先"这一科学理念，密云路幼儿园视觉艺术创意活动课程的成功还离不开一个"实"字，具体体现在以下三个方面：

首先,密云路幼儿园的研究很"扎实",并贯穿活动设计与行为指导的全过程。密云路幼儿园重新审视自身的儿童观、课程观、资源观,融合"五育""五感"等新视角,架构了全新的研究框架,并且根据实际情况不断对其进行调整和完善,如调整预设,从基于内容到基于幼儿发展需求;调整活动的形式,由集体教学活动变为游戏活动;调整"融合"的概念,由语言与美术的融合变为多元融合。与此同时,密云路幼儿园自上而下充分发挥团体的力量,不仅邀请专家论证,更是积极听取全体教师的意见。一方面,通过设定子项目和阶段目标,明确预期成果和负责人,确保研究框架的可行性;另一方面,将科研与教研深度结合,科研引领方向,教研解决教育实践中遇到的问题,再以科研进行循证检验,形成"实践案例——策略分析——归纳提炼——实践运用"的操作闭环,保证了研究的连续性,并使其持续焕发活力。

其次,密云路幼儿园的实践很"稳实",落实稳中求进、以实求稳的实践基调。从2004年开始,密云路幼儿园的课程实践已经走过了十九年的探索历程,课程的发展也经历了"课程孕育——特色引领——创新发展——系统构建"四个阶段。通过对现状的全面分析发现,当下视觉艺术创意活动在"价值、内容、实施途径和评价取向等方面存在严重问题,影响活动的走向和幼儿的长远发展";出于解决问题的需要,构建"以美怡情、启慧、增趣、践行"的课程理念,引领活动的实施与开展;在理念的指导下,根据幼儿的已有经验和发展需要,确定活动的目标;依据活动目标的设计,生成与之相符的活动内容,展现幼儿美育的"润物无声";从环境、互动、表达、展示等方面入手,归纳总结活动实施的策略,用"美的滋养"帮助幼儿获得内在快乐的能力;充分开发空间、家庭、自然和社会资源,让多样化的资源适用于活动的各个环节,破除各类教育资源之间的"壁垒";利用多种多样的评价手段和工具,更好地看见每一个真实、鲜活的幼儿,发现幼儿天生的艺术家的身份。在上述过程中,幼儿园按照聚焦现状、建构理念、设计目标、生成内容、归纳策略、开发资源、生成评价的顺序,每一步都稳扎稳打,每一阶段的实践都取得了进展,最终在幼儿美育领域获得了出色的成绩。

最后,密云路幼儿园的课程很"丰实",结合实践反馈,不断从"纵""横"两维度丰富和发展其内涵。从纵向时间维度来看,密云路幼儿园2020年将"创意美术"拓展为"以美启慧",从"美术"表现到"美感"浸润,从"创意"表达到"素养"积淀;2022年,又将其升级为MY课程的顶层设计,有机融合共同性课程与选择性"创美艺术"特色。独具特色的"五每"活动,极大程度地拓展了幼儿园常规美育活动的范围,打通了园内外学习

路径,真正成就了"五美五慧"儿童。从横向维度来看,不断完善课程内容、实施、形式、材料、环境等板块,并且将经验成果梳理成了《密云路幼儿园视觉艺术创意坊活动操作指引》手册和《幼儿表现性发展评价指南》,不仅提升了幼儿园课程的质量,还为一线教师提供了视觉艺术活动方面的参考,辐射全国各省市近千名学前教育工作者,产生了良好的示范效应。

密云路幼儿园成功开发并实施幼儿园视觉艺术创意活动,离不开对"幼儿发展优先"理念的准确把握和贯彻落实,更离不开"扎实"的研究、"稳实"的实践和"丰实"的课程。相信这本书能够让更多人了解视觉艺术创意活动的内涵,给学前教育工作者以启发,使科学的美育理念得以传播。在此,我衷心祝愿密云路幼儿园保持稳中求进的精神和态度,继续回归艺术本真,呵护幼儿天性,不断丰富美育内涵,以"大美育"支持幼儿全面自主发展,在"创美启慧"的道路上越走越远!

左志宏

2023 年 11 月 7 日

前言 这里，有我们甜蜜的梦想

上海市虹口区密云路幼儿园创办于1987年，1993年被评为上海市一级一类园，同年成为上海市《幼儿园工作规程》的试点单位，2007年被评为上海市虹口区示范性幼儿园，2023年又被评为上海市示范性幼儿园。

2004年以来，密云路幼儿园的课程发展经历了"课程孕育——特色引领——创新发展——系统构建"四个阶段。十九年的探索历程中，坚持"回归艺术本真，呵护幼儿天性"，开展了以视觉艺术创意为途径的各类活动，解析"幼儿发展优先"理念下的儿童观、课程观、资源观，由内而外地唤醒和激发幼儿的艺术潜能。我们认为，幼儿是天生的艺术家。因此，我们着力在活动中强调艺术素养的熏陶，而非单一艺术元素的技能教授，让幼儿能够尽情地表达自我。密云路幼儿园倡导坚持回归儿童生活，坚持回归儿童主体，坚持回归儿童活动，凸显儿童的自主权。

2020年，依托市级课题《以美启慧：幼儿园视觉艺术创意坊活动设计与行为指导的实践研究》，将"创意美术"拓展为"以美启慧"，从"美术"表现到"美感"浸润，从"创意"表达到"素养"积淀。将"美"渗透于幼儿的一日生活，以"大美育"支持幼儿全面发展，成就"健美，慧生活""喜美，慧感知""乐美，慧互动""玩美，慧探究""创美，慧表现"的"五美五慧"儿童，点亮儿童的多元智慧，绘就儿童的五彩童年，让每一位密云儿童在安全、充满童趣又处处美的乐园之中快乐成长。

2022年，升级MY课程的顶层设计，将共同性课程与选择性"创美艺术"特色有机融合，横向"板块"糅活，纵向"经验"贯通，实施安排串联"五每"，即每日"畅聊艺术"、每周"创美时光""寻美之旅"、每月"乐美画展"、每学期"畅美实践"、每学年"玩美探究"，实现家、园、社之间的联结，打通园内外学习路径。用时间连线、用创美织网，支持儿童自主发展。

一、研究背景与意义

(一) 解读《幼儿园教育指导纲要(试行)》与"幼儿发展优先"的内涵

《幼儿园教育指导纲要(试行)》指出:"环境是重要的教育资源,幼儿园应通过环境的创设和利用,有效促进幼儿的发展。"但是,通过视觉艺术来培养幼儿审美智慧的国内研究相对较少。幼儿园环境的装饰作用大于其教育作用,环境看上去很漂亮,但幼儿与其互动的可能性不足;环境中呈现出许多与艺术有关的信息,但难以支持幼儿创意素养的培养。

2021年,上海市教育委员会在《上海市学前教育"幼儿发展优先"研究计划》中提出开展适宜幼儿主动学习、满足不同幼儿兴趣需要的空间与材料的行动研究。回顾我园以往的专用室活动,其整体性、实践性、趣味性尚存有较大的提升空间。

课题研究前,我园的专用活动室集中发展的是幼儿某一个领域的能力,如绘本馆活动侧重幼儿语言能力的发展。在前期集体活动融合的基础上,尝试对专用活动室(绘本工坊、光影工坊、创意工坊)进行多元领域融合策略的研究。为此我们思考,如何在视觉艺术创意坊活动中落实"幼儿发展优先"的理念? 如何由育人方式的转变,到育人过程的深化,再到育人成效的展现?

(二) 丰富和补足幼儿视觉创意的已有研究

国内目前有关通过视觉艺术来培养幼儿审美智慧及打造专门的幼儿创意坊的研究较少,且存在局限性。本课题以视觉艺术创意坊为载体,厘清幼儿园视觉艺术活动与幼儿发展之间的关系,从"五育融合"的角度诠释"以美育人"的价值;优化幼儿园视觉艺术创意活动架构的思考,将生活、儿童与教育紧密地结合起来,形成"回归与还原儿童本真生活的课程"雏形;为幼儿提供丰富多样、打破常规的物质材料,采用多元的艺术表达手法来开展活动。

我们从"幼儿全面发展、幼儿审美教育、美育融合、具身认知"等关键词入手,多维度分析幼儿园视觉艺术创意活动的现状:活动价值认识欠缺深度、活动内容显得片面、实施途径趋于狭隘、评价取向背离预期等问题都深刻地影响着幼儿园视觉艺术创意活动的走向以及幼儿的长远发展。

（三）为幼儿的未来发展播下一颗"美"的种子

研究表明，如果幼儿经常进行高品质的艺术实践，通过富有意义的、连续的体验而产生相互联系时，会形成高品质艺术计划所需要的态度和意识，促进创造性思维的发展，而这种鲜活的创造力可以保持到成年。

课题研究本着"环境育人"、"给每个幼儿一个空间"的理念，让每个幼儿都能与环境进行充分互动。我们充分意识到"每个幼儿是独一无二的"，对创意活动价值进行深入审视和充分实现、对幼儿活动过程进行深入观察和分析、对环境和材料进行预估、准备和调适；为一线教师对幼儿的需要、兴趣和发展可能进行合理判断提供较多的参考，提高教师专业化水平；以活动建构、进程共商、经验共享及心灵共润推动幼儿、教师和家长的共同成长。

二、研究设计

（一）研究重点

我们重新审视儿童观、课程观、资源观，以融合"五育""五感"的视角来架构研究路径。通过在视觉艺术创意坊活动中的空间环境、多元材料的设计与支持，在创意活动中打开幼儿的思维、联结幼儿的经验、打破教师的预设、支持幼儿的多样化探索。

依据2021年上海市教育委员会发布的《上海市学前教育"幼儿发展优先"研究计划》，通过"糅活"四类活动边界，打破领域界限，深入阐释视觉艺术创意坊活动的融合性设计与实践内容，即体现设计上领域融合、安排上时空融合、组织上活动融合。

基于儿童视角的理念尝试将信息化技术与多元化材料相融合，将多领域的内容、多种学科领域、多种幼儿经验相整合，激发和培养幼儿的审美智慧，体现幼儿发展的全面性，提升教师的课程领导力。

（二）研究架构

视觉艺术创意坊活动的融合性不仅仅体现在语言领域与美术领域，它还打通了幼儿的"五感"，融合各个领域，体现"五育"的育人价值。同时，打破艺术坊活动中的集体教学的因素，让活动成为幼儿的游戏活动。总之，我们以游戏为载体，丰富幼儿的经验、愉悦幼儿的情感，促进幼儿的全面发展。其中，研究架构如下（见图1）。

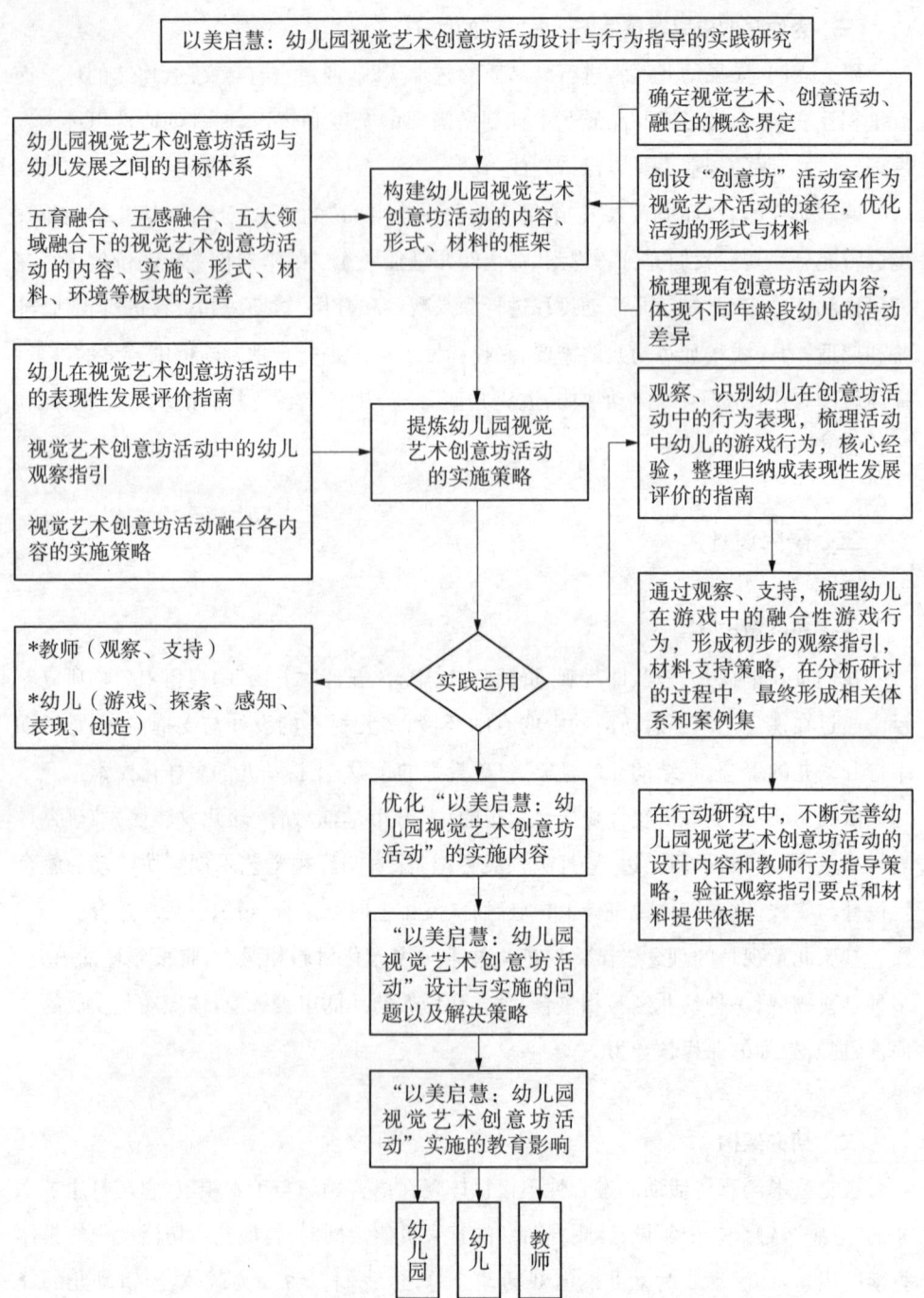

图1 《以美启慧：幼儿园视觉艺术创意坊活动设计与行为指导的实践研究》架构图

(三) 研究过程

1. 自下而上,确立研究框架

重新审视儿童观、课程观、资源观,以融合"五育""五感"这一新视角架构研究路径。从基于内容预设到基于儿童发展需求;调整活动的形式,由集体教学活动变为游戏活动;调整融合的概念,由语言、美术融合变为多元化融合。

此外,我们邀请专家论证,听取全体教师的意见。一方面,通过设定子项目和阶段目标,明确预期成果和负责人,确保研究框架的可行性;另一方面,将科研与教研深度结合,形成"实践案例——策略分析——归纳提炼——实践运用"的操作闭环。

2. 教科研联动,扎实研究过程

科研引领方向,帮助我们明确视觉艺术创意坊活动内容的来源,研究内容选择的依据和原则。教研开展"融合"专题研讨,帮助我们在活动实践、观察中梳理幼儿视觉艺术创意坊生成活动的主要来源,帮助教师解决师幼互动中遇到的困惑。科研循证检验,提炼观察指引的要点,以及多元融合指导策略。

3. 研磨手册,提供支架策略

我们从关注教师预设走向幼儿经验习得,从注重结果到注重过程,从关注幼儿水平转向分析幼儿的真实生活。

在研究中,我们以"领域融合、时空融合、活动融合"为主线,撰写《密云路幼儿园视觉艺术创意坊活动操作指引》(以下简称《操作指引》)手册。每一份《操作指引》分实施原则和实施要点两部分,再依据"融合"的特质细化为教育目标、环境创设、观察要点、策略提示。各年龄段教师试用后,给出使用反馈,并结合理论对实践案例进行分析,完成对手册内容的修订。配套《幼儿表现性发展评价指南》、视觉艺术创意坊的"五问五答",供一线教师参考。

三、研究成果

(一) 提出了幼儿园视觉艺术创意活动的理念、目标

"为每个幼儿的健康幸福实施快乐启蒙教育"是上海市学前教育课程的基本指导思想。在持续推进学前教育改革和课程实践的过程中,密云路幼儿园确立了课程理念:以美启慧,成就每一个。

创造性艺术在学前阶段应尊崇"幼儿发展优先"的理念,回归幼儿的艺术本真,转变对于以往视觉艺术创意活动注重"教"或被动"学"的刻板印象,让幼儿真正成为活动的主角。同时应使"美感"浸润视觉艺术创意活动,让幼儿实现从"创意"表达到"素养"积淀,促进他们的全面发展。

"五育并举,融合育人"已成为新时代教育发展的主旋律。美育融合作为"五育融合"体系的核心环节,与德育、智育、体育、劳育互通交融,共同促进幼儿的发展。

幼儿美育与多领域有交集,除了艺术活动外,还需要扩展到生活中,在非艺术领域培养幼儿发现美、感受美的心灵。教师在组织、实施视觉艺术创意活动的过程中,尽全力拓展范围,寻找幼儿喜闻乐见的内容,不局限于艺术领域,提高幼儿的审美情趣,培育幼儿的创作思维,丰富幼儿的创作内容。

我们将幼儿创意美术与德育相融合,以美怡情,浓情育德;鼓励幼儿想象不在眼前的事物,并且能用一种方式把它表达出来,以美启慧,乐慧育智;引导幼儿在学习、与人交往的过程和探索自然的过程中感受美、理解美,以美增趣,拾趣育心。

1. 以美育人,三重融合

我们基于"以美育人"理念,探索课程设计上的"领域融合"、安排上的"时空融合"、组织上的"活动融合";通过集体教学和主题渗透,让幼儿用自己的方式赏画探究、寻花存美。

我园教师基于"融合"理念的共识、设计上的"领域融合"、安排上的"时空融合"、组织上的"活动融合",以课程视角构建活动。

2. 聚焦素养,重点观察

课程是以目标为中心的。与其说是设计目标,还不如说是优选目标。幼儿园视觉艺术创意坊活动的目标设计,首先要对教育目标做出明智的选择,再用幼儿园的教育哲学对已选择出来的目标进行筛选,最终明确幼儿发展的结果和教育的职责。

我们站位儿童立场、思考当代生活、解读发展指南,聚焦活动设计的核心;关联幼儿的真实生活、倾听幼儿的真实心声,设定幼儿"创意素养"的培养目标,以及活动中用于教师重点观察的"隐形目标"。

创意坊借助"视觉艺术"这一载体开展创意活动,促进幼儿创意素养的发展。本研究以幼儿艺术领域能力发展的相关指南文件为标杆,以幼儿审美能力的定义为参照,将审美情趣、审美感知、创意表现、创造表达这四个维度作为培养目标的关键词,与现状研究中的场景观察分析框架保持一致。审美情趣，即喜欢接触多元文化，能发现和感受生活中的美；审美感知，即尝试感受多种多样的艺术形式和创意作品，积累自己对美的感知和体验；创意表现，即与教师和同伴积极互动，运用多种工具、材料来表达、表现生活和自己的感受；创造表达，即积极地运用语言以及其他非语言方式进行表达，展现出一定的想象力和创造性。

（二）梳理了幼儿园视觉艺术创意活动的内容、资源

从目标到内容，将抽象的育人理念转化为具体的育人实践；依据目标生成内容，即联结起幼儿的已有经验和发展需要；把目标渗透于内容，展现幼儿美育的"润物细无声"。

幼儿园视觉艺术创意活动是以儿童视角为基点、视觉艺术创意坊为平台、多元材料为支持、信息化技术为推动，进而使幼儿在游戏活动中获得五感融合、五育融合、经验融合的体验，促进幼儿五大领域的全面发展。

本研究以"走进自然、我爱我家、密云趣事、我是大师"四类经典活动为例，说明不同活动内容的生成形态和生发过程。此外，我们将"园所、家庭、自然、社会"四要素作为资源开发的"中心、基质、场域、视野"。

1. 走近大师，对话艺术作品

幼儿园利用社区艺术资源，打开教师与幼儿的艺术视野。教师了解艺术作品背后的价值和内涵，将这些内容内化，并在此基础上将其作为载体设计成欣赏活动等，通过浅显易懂的方式传递给幼儿，拉近艺术与幼儿的距离。

2. 共绘手册，解读幼儿创意

陈列一面艺术手册收藏架，师幼共绘手册。艺术手册激发幼儿的创作灵感，带给幼儿无限遐想。如：情感与感官的不同维度与艺术大师作品的链接，使一百个儿童有一百种语言。儿童的创意表征又成为艺术手册的延续。

3. 建立联结，感受多重共鸣

自然资源所蕴含的内容丰富，涉及较多领域，且每个阶段、每个季节、每个区域所包含的资源也不尽相同。为充分开发可利用的内容，满足园所环境内容的不足，可以通过远足、春秋游等形式，带幼儿走出校园，进入到公园、绿地、郊外等自然环境中，实现对自然资源艺术化的开发。

（三）形成了幼儿园视觉艺术创意活动的实施策略

为幼儿创设美的浸润环境，给予幼儿"美的感染"。与幼儿共享美的互动体验，让每一个幼儿在互动中吸纳"美的能量"；让幼儿展现美的自主表达，用"美的滋养"帮助幼儿获得内在快乐的能力。

本研究从七个角度展现教师"以美启蒙"的智慧：通过环境空间创造艺术表现机会，通过实践操作支持幼儿探索表达，通过展示分享激发幼儿的创新思维，通过节日营造有趣、浓郁的艺术创作氛围，通过时间融入有机结合一日活动，通过游戏表演活跃艺术创意内容，通过现场研学助推幼儿艺术创意。

1. 环境空间，身心支持

一方面，进行富有美学特征的环境设计，充分运用空间分割、色彩和线条、光线明暗与变化等为幼儿创造生理和心理舒适的空间。另外，也可以使用幼儿自己或同伴的作品来布置视觉艺术创意坊的环境，让幼儿边创作边欣赏，打通五感体验。

另一方面，营造支持性环境，引发幼材互动、幼幼互动、师幼互动，利用多元环境进行有效支持。

2. 时间融入，渗透实施

时间安排上融于四大板块，教师根据班级情况渗透于一日作息。或设置专门的时间段进行实施，学期初由园部制定整体计划、年级组匹配具体资源。

每日圆桌会"畅聊艺术"，关联艺术与幼儿生活，鼓励幼幼互动，引发幼儿自由讨论与表达。

每周活动室的"创美时光"，主要是游戏体验，区别于教室空间，借助绘本投影、光影空间、互动平板等信息化工具为幼儿营造立体、沉浸的艺术氛围。此外，每周还以特色艺术集体教学活动和个别化学习活动为载体开展"寻美之旅"。

每学期"畅美实践"活动包含"亲子创意活动、亲子在线活动、亲子社会实践"三种形式。

每学年开展"密云之彩""我是大师"两类"玩美探究"活动。

3. 现场研学，具身体验

艺术无处不在，除了教室之外，还有很多地方可以进行艺术教育，让幼儿更好地感受和理解艺术。"行走场馆、听音赏乐、参观工坊、拥抱自然"等现场研学活动为幼儿提供了丰富的创作素材和灵感，鼓励幼儿发挥想象力和创造力，进行艺术创作。此外，现场研学活动还为幼儿提供了交流和合作的机会，让他们学会与他人分享和协作。

(四) 探索了幼儿园视觉艺术创意活动的多元评价方式

借助多元评价,我们能够更好地"看见"幼儿。具体而言,通过分享性评价,看见幼儿的"独特"想法;通过表现性评价,看见幼儿的发展"过程";通过档案袋评价,看见幼儿的"成长"轨迹;通过差异性评价,看见幼儿的"个性"特质;通过激励性评价,看见幼儿的"自信"建立。

本研究探索了不同评价方式与工具在活动中的妙用,实录分析、现场反思,通过循证研究解决活动过程中的具体问题,让促进每一名幼儿的全面发展成为可能。通过观察、识别幼儿在视觉艺术创意活动中的反应表现,梳理出活动中幼儿的游戏行为、核心经验,并整理归纳成幼儿表现性发展评价指南以及过程性评价要点。

表1 幼儿表现性发展评价指南

一级维度	二级维度	指导建议	过程性评价要点
感受美	幼儿乐于体验视觉艺术创意坊活动的内容	幼儿在活动中是否有良好的情绪,喜欢各类活动?	参与游戏
		幼儿是否专注并沉浸在活动中?专注时长多少?	专注时长
	幼儿在视觉艺术创意坊活动中调动感官	幼儿是否能够调动五感(看一看、听一听、摸一摸等方式)获得审美体验?	识别属性 参与游戏
		幼儿是否乐于探究视觉艺术创意坊中的环境(包括材料、设备等),体现好奇、好问的特点?	交流互动 参与体验
表现美	幼儿在游戏活动中与材料的互动情况	在与材料互动的过程中,是否能够运用观察、比较、操作、实验等方法?	识别属性
		对活动内容保持兴趣的时长,是否乐于探索各种材料、工具?	操作体验
	幼儿在游戏体验过程中与教师或同伴的互动情况	幼儿是否喜欢和同伴共同游戏,感受合作游戏的快乐?(平行游戏、共同游戏、合作游戏)	交流互动 参与游戏
		幼儿是否能在同伴面前大胆、清楚地介绍自己的活动过程,是否大胆表达或表现自己在活动中的发现创造、直接感知?	语言表达 分享交流

续表

一级维度	二级维度	指导建议	过程性评价要点
		幼儿是否喜欢倾听和交谈,在分享交流中感受语言交往的乐趣?	
		幼儿是否能对同伴的介绍和提问有所回应,做出回答?	
创造美	幼儿用多种方式进行表达、表现,展现出自己的想法	幼儿是否能在活动中发现问题、分析问题和解决问题?对于困难与挑战的态度如何?	解决问题
		幼儿是否能通过各种方式对本次探索的问题、发现或者成果进行记录?	记录分享探究发现
		幼儿是否能够用多样的艺术形式,迁移已有经验进行创造,表现自己的作品?	艺术表现

四、研究成效与反思

随着市级课题研究的推进,我园课程的影响力与知名度不断扩大。上海市各类专家学者赴我园实地考察,外省市姐妹园来我园观摩,而且我园还组织了多场教育研讨会议分享研究成果和实践成效,辐射全国各省市近千名学前教育工作者,产生了良好的示范成效。此外,我园《玩美进行时》宣传片在2021年上海市教育年会上进行了播放,点击率达3 555人次,排名第一,被同行们称为"最美幼儿园"。2023年7月,我园开展了"2023年发展中国家幼儿园学前教育环境研修系列活动",实现了在更高层次、更大范围、更广领域的示范辐射。

(一)研究成效

1. 基于"幼儿发展优先"实现"五育融合"

"五育融合"追求适性育人、个性发展和五育之间的高效"融合效应"。视觉艺术创意坊活动应为幼儿的发展给予多元支持,其教育作用应当是统整融合而非单一的。通过三个融合,即领域融合、时空融合、一日生活融合,让艺术真正融入到幼儿的生活和体验中,让幼儿能够在生活和自然界中用心灵去感知美和发现美,并能随时有机会用自己的方式去表现美和创造美。

2. 立体构建美育环境,深化"以美启慧"

树立"环境设计就是教育设计"的观念,梳理环境创设对幼儿健康、快乐成长及可持续发展的作用机制。立体构建"美育环境",包括物理的空间环境、心理的互动环境,保障幼儿自主自发地参与游戏活动。

本研究中美育环境的设计指向"创意坊"的整体设计,包含活动计划安排、设计与组织、环境与资源、师幼互动、家长合作等。在此基础上,从理念、目标、内容、实施、资源、评价维度探索了幼儿园视觉艺术创意坊活动的设计与行为指导,并从课程视角梳理了成果专著《密梦如云 创美启慧》。

3. 唤醒创造力,激发师幼"美"与"慧"

对于幼儿而言,创造是一项自然、自发并充满乐趣的活动。对教师而言,创造往往生发于和幼儿的互动。教师的创意有益于幼儿生长新经验,幼儿的创意则可以探索出新可能。

通过设计幼儿可以观看、阅读的幼儿园视觉艺术创意活动资源手册,从不同维度与主题,以具体、形象的图片、文字、象征符号来体现、构建幼儿对于周围生活与世界的理解,捕捉、表达不同形式的视觉艺术(如绘画、雕塑、手工、电影等)为幼儿带来的不同体会与感受,并与幼儿的实际生活经验、经历相贴合。为幼儿提供25个关键词的作品集,让幼儿在欣赏同伴作品的过程中,触发自己的创意灵感。

记录幼儿在参与"创意坊"活动中的过程性行为,认真倾听幼儿的讲述,接纳幼儿的表达,聚焦幼儿的真实问题,捕捉美育契机。即时回应、延后支持,读懂幼儿的作品、欣赏幼儿的稚慧,通过行为指导支持幼儿主动学习,支持幼儿创造,成就每一个幼儿也是成就每一个教师。

(二)研究反思

1. 厘清"释放天性"与"有效支持"的关系

创意美术教育活动中的"创意",可以是教师的创意,也可以是幼儿的创意;可以是作品呈现的创意,也可以是过程中的想法创意,还可以是行动方式的创意。本研究拓展了创意坊的物理边界,室内与室外联通,但教师对"指导"的边界常有困惑,面临"等待或介入"的两难情境。

研究中,教师常以观察者的身份引导幼儿活动,在倾听、沟通方面还有一定的提升空间;教师通过多种评价方式识别及分析幼儿当下典型的发展表现,但对幼儿内在感受的体会、内心情感变化的持续关注相对不足。

幼儿在艺术创造过程中的释放天性不等于自由放任,借助研磨的《操作指引》,我们将进一步拓展教师对"创意"的理解,思考和处理好介入时机与指导方法,引发幼儿多样的创意行为,从而做到"有效无痕"。

2. 深化美育"融合",培养幼儿创造性思维

在大量案例中,教师对照评价指标分析了幼儿在动作与习惯、情感与社会、认知与探索、语言与沟通四方面的"表现性"行为。我们也注意到,支撑幼儿"审美感知、互动体验、创造表达"等创意素养可持续发展的是其创造性思维。这也就需要我们深入探究幼儿行为表现背后的思维特质,以及视觉艺术创意活动与整体课程的关系。

让艺术扎根于整体课程中,让创造性艺术成为早期教育课程中富有价值的一个有机组成部分,值得我们进一步研究。由视觉创意坊延展为艺术创意,再拓展到全领域的创意、创想,将"美"真正地渗透于幼儿的一日生活,以"大美育"支持幼儿全面发展。

第一章

幼儿园视觉艺术创意活动的现状分析

　　活动价值认识欠缺深度、活动内容显得片面、实施途径趋于狭隘、评价取向背离预期,这些问题都深刻地影响着幼儿园视觉艺术创意活动的走向以及幼儿的长远发展。

艺术领域作为幼儿学习与发展的五大领域之一,在幼儿园的各类活动中都能看到幼儿对于艺术元素的喜爱和热衷。其中,视觉艺术创意活动通过各类美术集体教学活动与个别化学习活动、大型活动等为幼儿提供更多接触艺术、发挥创思、表达表现的机会。视觉艺术,是指运用一定的物质、材料、技术手法,创作可供人观看欣赏的艺术作品,从广义上说,雕塑、绘画、摄影等艺术门类都属于它的范畴,它不仅创作方式多样,造型手法也十分多样。艺术作品既包括二维和三维形态,也包括动态和静态等多种艺术形式。其中,三维立体的空间艺术,例如,雕塑和建筑艺术,通常也被称为造型艺术。

视觉艺术教育的意义在于让每个年龄段的学生都能通过全面、均衡和循序渐进的艺术学习,获得在未来社会生存和幸福生活的能力,发挥视觉艺术在丰富人类经验和推动社会进步上的重要力量。

马洁然发表了《高宽课程中的视觉艺术教育概览及启示》,总结了美国高宽课程中视觉艺术教育概览及视觉艺术教育对我国幼儿园教育实践的启示,提出要发掘美工区的教育价值,引导幼儿去发现和感受生活中的美,并重视美术教育在幼儿全面发展中的作用[1];李晶晶也从美国高宽课程中的视觉教育中获得启示,提出艺术课程要注重多种元素的综合性探索,实施循序渐进的艺术教育方法,发挥艺术教育在幼儿全面发展中的本体价值。[2]

王文聘在对中西方教育侧重点及方法的比较中找出了幼儿视觉教育的基本依据,提出"幼儿视觉艺术"对于幼儿而言,首先是一个身心合一的动态行为,每位幼儿都能通过艺术来协调身心、表达自我、锻炼心智、创新思维。[3]

安·S. 爱泼斯坦(Ann S. Epstein)和伊莱·特里米斯(Eli Trimis)在《我是儿童艺术家——学前儿童视觉艺术的发展》一书中重点介绍了高宽课程模式的视觉艺术教育理念与实践,具体探讨了视觉艺术在幼儿发展中的价值,阐释了幼儿艺术教育的基本原理。在实践部分,作者们提出了自己的教育模式——单项深度法,并结合具体的教学案例介绍了如何在绘画、日常材料的使用、纸工和塑料材料的使用等活动中贯彻和

---

[1] 马洁然. 高宽课程中的视觉艺术教育概览及启示[J]. 教育导刊(下半月),2017(2):92—94.
[2] 李晶晶. 美国高宽课程中视觉艺术教育概览与教育启示[J]. 早期教育(美术版),2018(3):4—6.
[3] 王文聘. 儿童视觉艺术教育的基本依据及发展方向[J]. 文学教育(上),2021(1):148—149.

落实单项深度法。①

一、价值认识：欠深度

虽然现如今在上海各所幼儿园中难觅让幼儿"依样画葫芦"的教学形式，教师在理念上也认为要以儿童为中心，但在实践过程中仍有许多教师没有彻底扭转过来，在视觉艺术活动的组织过程中仍然重视教学、重视作品、单向输出，忽视了为幼儿提供更多自我表达、直接操作、亲身体验的机会。殊不知艺术活动还有"启智""育慧"等作用，忽视了艺术活动对幼儿的成长和发展会产生长远和深刻的影响，对于视觉艺术创意活动的价值认识不足。

通过查阅文献资料和结合活动开展现状发现，较多的幼儿园视觉艺术创意活动往往是为了开展而开展，环境的创设、材料的创设要么单一无趣，要么内容多而杂，难以培养幼儿的审美感知能力，也不能丰富幼儿的审美体验。教师在创设中毫无头绪，幼儿在进入活动室后往往也不知所措，导致视觉艺术创意坊无法真正发挥其效能，无法体现艺术感、适宜性，也无法激发幼儿进一步的探索欲望。

（一）需支持幼儿表达

究其本质，视觉艺术创意活动是一种载体，是一种为幼儿提供表达、体验及感受机会的重要方式。因此，教师在组织视觉艺术创意活动的过程中，不能本末倒置，不能为了集中展现活动的精彩或是教师的教学能力而忽视了幼儿在活动中的个体体验和个性化表达，剥夺了幼儿理解与感知周围世界、发现与体悟生活之美的机会。因此，我们更应该将美的感受、美的熏陶内化于幼儿视觉艺术创意活动中，启迪幼儿的智慧。

（二）需释放幼儿天性

视觉艺术创意活动的价值不应仅仅局限于幼儿生成的作品，而应更凸显对幼儿"自由创作"意识的唤醒，对幼儿创造力的发展。但许多一线幼儿园教师往往只关注幼

---

① 安·S.爱泼斯坦，伊莱·特里米斯. 我是儿童艺术家——学前儿童视觉艺术的发展[M]. 冯婉桢，等，译. 北京：教育科学出版社，2012：1.

儿的作品，忽视了幼儿在创造过程中的灵感输出，使得视觉艺术创意活动的价值在实际操作过程中有所偏颇。教师应当在过程中鼓励幼儿以自身喜爱的多种方式自由表达，不应挤压、束缚、捆绑幼儿的创作天性。例如，在美术活动"落叶变变变"中，幼儿对捡拾落叶产生了浓厚的兴趣。在捡拾落叶后，有幼儿提出："想给落叶宝宝装上眼睛，这样它才会更漂亮呀。"教师肯定了幼儿的新发现并鼓励幼儿根据自己的想法进行大胆创作。于是，幼儿根据自己的想法用蓝丁胶把活动眼睛黏在了小树叶上，落叶宝宝就这样活灵活现地出来了。从无目的地捡拾树叶到装饰树叶，幼儿的"自由创作意识被激发"。教师也及时捕捉了幼儿"自由创作"的意识，进行自然地助推，从而使幼儿的创造力于无形中得到发展。

此外，幼儿参与视觉艺术创意活动能够让幼儿变得更加大胆与自信，这也是其价值的体现。"儿童是天生的艺术家"，幼儿热爱创作、热爱表达，而恰巧视觉艺术创意活动能够让幼儿全身心地投入，想自己所想，绘自己所爱，尽情唱跳表现，为幼儿提供了一个"隐性的舞台"，让幼儿充分施展自己的拳脚，发挥天马行空的想象。成人与同伴则成为幼儿尽情表现的欣赏者、陪伴者，给予幼儿更多的支持，让幼儿的情绪情感能够借助视觉艺术创意活动有所输出，成就更加完满的"人"。

（三）需融合幼儿五感

视觉艺术创意活动的深层价值应当有所延展。它的价值并非为了培养幼儿艺术领域的技能、技巧，而是为了满足幼儿自身的发展需要，且前者也是目前诸多幼儿园普遍存在的对于视觉艺术创意活动的价值认识的不足之处。更重要的是，对于幼儿的培养也不单单存在于艺术领域，而是体现在各个领域。幼儿学习的五大领域是互相融合，而非割裂的，因此，在开展视觉艺术创意活动的过程中要有机融入其他领域的培养内容，使视觉艺术创意活动不孤立、不单一存在，充分糅活边界，体现"五育"之间的融合，使视觉艺术创意活动更加贴合幼儿教育的本质，使幼儿"素养"得到积淀。

在以往的视觉艺术创意坊中，幼儿的活动往往受到成人的牵制，缺乏自主权，活动设计无法最大程度上满足幼儿的实际需求和兴趣。因此，我们在组织与实施幼儿园视觉艺术创意活动的过程中，要尊崇"幼儿发展优先"的理念，回归幼儿的艺术本真，转变对于以往视觉艺术创意活动注重"教"和被动"学"的刻板印象，让幼儿真正成为活动的主角。进而，深入挖掘视觉艺术创意活动的价值，使"美感"浸润于活动中，"以美启慧",让幼儿实现从"创意"表达到"素养"积淀。

二、活动内容：显片面

(一) 幼儿审美教育的现实来源应是丰富的

常鑫认为日常生活是幼儿审美教育的源泉,想要发掘生活中的美,一是创造美丽多彩的幼儿园环境和家庭生活,二是让幼儿在主动接近自然的过程中进行审美教育,三是将新时期社会主义核心价值观渗透到日常生活中。[①]

幼儿园视觉艺术创意活动将幼儿作为活动的主角,其内容来源应当是广泛的、多样的,且与幼儿的喜好相关,符合幼儿的兴趣,同时贴近幼儿的生活,这样才能满足幼儿在活动中的需求。然而,在目前诸多幼儿园实施视觉艺术创意活动的过程中,其内容大多来源《上海市学前教育教师参考用书(试用本)·学习活动》或其他"二期课改"书籍,来源于其他诸如生活、艺术、环境等的资源较少,因此活动内容的选择范围整体而言较为局限。

此外,教师在组织视觉艺术创意活动前,往往会选择从书籍中对应幼儿的年龄寻找适合幼儿的活动内容,但对于活动内容的遴选并没有尊重幼儿的想法,而是"照本宣科",总是反复运用相似的活动内容。因此,教师可以更多地尊重幼儿的想法,将活动的内容与幼儿当下的兴趣进行紧密结合,既尊重幼儿的发展规律,又能满足幼儿的需求,"活用"书中的内容,使活动内容更具针对性,也更能受到幼儿的喜爱。

对于幼儿来说,他们创作的内容来自于各个方面,有的来自于教师的教材,有的来自于生活。在幼儿的生活中,他们与自然、社会产生联结,与人、事、物产生互动,从而有了自己的感受,并以创作的形式进行表达表现,这才是幼儿视觉艺术创意活动内容的真正来源。

由此可见,教师应该更多地捕捉幼儿在与周围世界产生联系、互动过程中的所见所闻,并融入到活动中。自然与社会中蕴含着不同形象、不同声音,幼儿耳濡目染着;而生活的环境中也存在着不同的文化碰撞与艺术背景,幼儿自出生起就身处于这样的氛围中。幼儿在感同身受、逐渐熏陶下,开始对周围世界有了更多的认知和感受,无形

---

① 常鑫.刍议幼儿美育:寓教于美[J].基础教育研究,2019(17):91—92.

中拓宽了自身的经验,而这些都成为了幼儿视觉艺术创意活动的内容来源。

根据布朗芬布伦纳的生态系统理论,幼儿作为发展个体处在各种直接环境与间接环境中,而这些也影响着幼儿各方面的发展。一线教师想要丰富视觉艺术创意活动中的内容,就要将目光投射到更广阔的环境中。教师需要凝聚家、园、社的共同力量,深入挖掘幼儿喜爱并乐意欣赏、谈论、表现的艺术主题,再从中发现、总结幼儿愿意持续关注的内容。通过家园合力,捕捉幼儿对周围环境的敏感性,充分重视和利用好各类资源与"活教材"。

(二) 幼儿美育应与多领域有交集

陕西师范大学刘飞分析认为幼儿美育与"德智体劳"四育有着内在的联系。她从课程实践论、儿童文化、符号实践、生态学等不同视角论述了美育与"德智体劳"四育之间的关系。整理其观点发现,美育与体育、劳育、德育、智育的融合体现为美育与健康领域、社会领域、科学领域和语言领域存在交集。[①]

美育与健康领域的融合:幼儿健康领域的发展不仅有促进身心健康,增强体质的身体教育功能,也包含了人体美和运动美的审美因素。马克思主义美学观认为"劳动创造了美"。幼儿良好的生活与卫生习惯、基本生活自理能力、安全知识和自我保护能力是幼儿创造美的基础。

美育与社会领域的融合:美育中的情感是审美活动的基础。幼儿社会领域的发展,本质是幼儿个体对社会规范的内化,即幼儿"能不能"接收和"愿不愿"接收的问题。"能不能"体现的是认知能力,"愿不愿"体现的是情绪情感。情绪情感体验使得认知对象有了主观意义,不仅促进了幼儿对社会规则的理解,而且美育的愉悦性情感体验反馈机制也让幼儿更能理解和吸收,从而促进了个体由内向外的主动的道德情感的生成。

美育与科学领域的融合:以发展个体逻辑思维能力为主要目的的科学领域的发展为审美认知的发展提供了基础。例如,随着幼儿对几何图形的掌握,更能体悟对称、均衡等形式美。反过来,美育也促进了个体的理解力、创造力等理性功能的发展。例如,

---

① 刘飞.美育视角下幼儿园环境创设的理念与实践[J].陕西理工大学学报(社会科学版),2021,39(3):70—76.

以完整和谐、简洁有序为特征的科学美为创造力的形成起到了启发和引导作用。

美育与语言领域的融合：幼儿在自由、宽松的语言交往环境中与成人、同伴交流，想说、敢说、喜欢说，并能得到积极回应。经常和幼儿一起看图书、讲故事，不仅能提升幼儿的语言表达能力，培养幼儿良好的阅读兴趣和习惯，也能帮助其获得美的体验。美育与语言领域融合的最佳实现载体就是"绘本阅读"。

因此，教师在组织、实施视觉艺术创意活动的过程中，需要竭尽全力扩大范围去寻找幼儿喜闻乐见的内容，不断丰富视觉艺术创意活动的内容，不局限于艺术领域，发展幼儿的创作思维，培育幼儿的审美情趣，丰富幼儿的创作内容。

三、实施途径：较狭隘

（一）策略运用存在许多问题

富有艺术感的幼儿园环境能对生活在其中的幼儿和成人产生潜移默化的影响，从根本上而言是兼有物理特性和心理倾向的空间。在具体的实践中，视觉艺术坊和专用活动室的功能和作用往往较难区分，"五育融合"存在简单拼凑、领域叠加的情况，还未能实现"五育"之间相互渗透、以美育人的价值。

目前，幼儿园视觉艺术创意活动的实施途径较为单一，即使有些幼儿园会开展一些参观、艺术欣赏的活动，扩展幼儿视野，但并没有将艺术融入一日活动，更没有使之成为幼儿生活的一部分。许多幼儿园仍局限于传统的教室教学，未能将艺术进行时空的融合，未能充分利用社区、家庭等多元资源，缺乏与现实生活的联系。

王珏对幼儿园创意美术教学中的教师支持策略运用的时机和方式进行了实践研究，针对教师支持策略运用中暴露出的问题进行了深入的分析和讨论。该研究发现，教师在支持策略运用中存在创意美术教学理念守旧、缺乏多维思考、支持策略墨守成规、忽视个体差异以及教师对支持策略介入的时机把握不精准等问题。[①]

一方面，教师容易忽视日常环境的艺术元素。教室环境的布置可以渗透审美的元素，室内外也充满了审美的机会，但教师往往没有意识到其中的艺术教育价值。他们缺乏对生活以及大自然中的艺术元素的敏感性，未能让幼儿获得丰富的艺术滋养和浸润。

---

① 王珏.幼儿园创意美术教学中教师支持策略运用的实践研究[D].西宁：青海师范大学，2021.

另一方面，教师忽视了其他领域活动中的艺术教育契机。例如，幼儿在户外建构游戏中，常常出现艺术表现与表达的行为，但教师往往忽略了其中的教育契机，相应地，支持幼儿进行艺术创作的材料也较少。再如，幼儿常常在科学等其他领域活动中用艺术的语言表达自己的感受与认知，但教师很少会从艺术教育的视角去发掘其中的艺术教育契机。

综上，教师对艺术活动实施途径的认识较为狭窄。教师往往局限在"艺术集体教学活动+艺术区角活动"的认识范畴中，幼儿失去了很多在生活和自然界中感知美和创造美的机会。

（二）具身认知理论应用不足

谢婷婷提出将"艺术与其他领域进行结合"，如语言、音乐、科学等活动都可以让幼儿以艺术的形式展现出来。她还提出"带领幼儿观察真实的对象"、"让幼儿作品融入艺术环境"等。[1] 王丽提出"设置科学合理的美术分区并带动教学实施"，"根据幼儿的身心特征，对教室进行分区，可以使环境得到优化，使分区的教学功能显现出来"，"保持各区域的通风度，区域的明暗差异要突出"。[2] 陈缎则总结了幼儿园创意美术环境的创设原则：艺术趣味性、体验参与性、教育渗透性。[3]

追溯这些策略研究的理论基础，都可以找到具身认知理论的影子。具身认知理论是美育建设的心理学基础[4]。具身认知理论的核心观点是心智是身体的心智，认知是身体的认知，身体是认识的主体[5]。身体和认知在环境中是相互支持的，并能给予大脑彼此的反馈。大脑的认知可以促使身体学习，身体的学习经历同样也会给予大脑认知积极或消极的反馈。

如何提供适宜的、富有艺术感且能唤起和支持幼儿在其中展开艺术探索和表现的空间，是我园视觉艺术创意活动开展过程中遇到的一个较大挑战。在以往的专用室活动中，我园教师尝试根据幼儿的游戏情况调整指导策略，但预设的指导还是偏多，对幼

---

[1] 谢婷婷.浅谈幼儿园创意美术活动与环境创设的依与存[J].科技资讯，2020,18(14):109—110.
[2] 王丽.幼儿园创意美术活动的环境创设与实施探究[J].文科爱好者（教育教学），2021(6):206—207.
[3] 陈缎.幼儿园创意美术环境的创设研究[J].文理导航（下旬），2021(3):69—70.
[4] 宁本涛，杨柳.美育建设的价值逻辑与实践路径：从"五育融合"谈起[J].河北师范大学学报（教育科学版），2020,22(5):26—33.
[5] 叶浩生.身体与学习：具身认知及其对传统教育观的挑战[J].教育研究，2015,36(4):104—114.

儿行为的观察、识别、解读、回应能力有待加强。

具身认知理论解决的是课程"怎么开展"的问题，我们把具身认知理论作为艺术创意环境创设的理论基础。具身认知理论指导下的幼儿美育强调自然性、直观性、情境性、个体性原则①。自然性原则指的是美育要顺应幼儿天性，尊重幼儿兴趣，给予幼儿自由发展空间。一方面，教育者要信任幼儿，允许幼儿有自己的想法、喜好和思想，成为幼儿的支持者、辅助者。另一方面，要遵循幼儿身心发展规律，给予幼儿合适的美育。直观性原则指的是美育要通过让幼儿直观感知、亲身体验的方式来实现。所有的审美对象都应该是可以被感知的，幼儿可以用嗅觉闻到、用触觉感受到、用眼睛看到、用耳朵听到。3—6岁幼儿正处于感觉的形成期，年龄越小，吸收性越强，这个时期的幼儿对外界感官的刺激特别敏感，具有成人所不具备的"吸收性心智"，"幼儿具有从环境中吸收形象的能力"②。情境性原则指的是为幼儿创设适宜的求知情境，激发、满足幼儿的求知欲望，让幼儿在虚实相融的情境中构建新体验。个体性原则指的是美育的开展要尊重幼儿的个体差异。每个幼儿所处的生活环境、接受的家庭教育及其性格特点等方面的差异导致幼儿的个人经验有所差异，对事物的接受力也会不同。幼儿的兴趣是美育的起点，而幼儿的经验则是美育的支点。

我们需要拓宽幼儿园视觉艺术创意活动的实施途径，将视觉艺术创意活动通过三个融合，即领域融合、时空融合、一日生活融合，让艺术真正融入到幼儿的生活和体验中，让幼儿能够在生活和自然界中用心灵去感知美和发现美，并能随时有机会用自己的方式去表现美和创造美，为幼儿提供更丰富的艺术滋养和浸润机会，从而促进他们的全面发展。

四、评价取向：有背离

随着艺术教育理念的更新，很多教师在组织和引导幼儿参与艺术活动时，常常会鼓励他们发挥想象力和创造力，自由地表达自己，如"你想画什么就画什么，不像也没关系"。然而，在评价和讨论时，教师往往还是会用成人的标准来衡量幼儿的艺术作

---

① 陈晨. 基于儿童生活世界的幼儿美育研究[D]. 淮北：淮北师范大学，2021.
② 蒙台梭利. 蒙台梭利文集 第一卷：发现儿童[M]. 田时纲，译. 北京：人民出版社，2014.

品，挑选符合成人审美观的作品，即教师认为"好"的作品。这种做法存在一个矛盾，即教师鼓励幼儿的自主创作和表达，但又以成人的标准来评价。这导致幼儿为了迎合教师的评价，不得不向教师所希望的标准靠拢。这样一来，幼儿独特的、个性化的、发自内心的创作和表达就被抑制了。

（一）倾向于集体目标的达成

教师在评价幼儿时，通常更倾向于强调集体目标的达成。因此，教师往往会使用一种统一的、横向比较的方式来评估幼儿的表现，忽视了幼儿表达方式的多样性。例如，在艺术活动中，教师会提供多元材料让幼儿完成一幅作品，但这幅作品的内容都是统一的。这种评价方式没有真正尊重幼儿个体的独特理解和表达方式，也缺乏与幼儿的情感沟通和意义追寻。因此，有些幼儿会认为自己的艺术能力较弱，导致自信心下降。在这种情况下，我们需要改变传统的艺术活动评价方法和标准，使评价不再是一种束缚，也不再受外在统一标准的约束。我们应该真正关注并激励每个幼儿独特的表达和发展，让评价成为幼儿艺术智慧碰撞的地方。

此外，在目前的幼儿园视觉艺术创意活动中，评价标准过于单一，缺乏多元化和个性化的评价。每个幼儿都有自己独特的特点和需求，但是传统的评价方式往往只注重幼儿的绘画结果，忽视了他们在创作过程中的想法、努力和创意。评价过程往往过于静态，缺乏对幼儿发展过程的连续性评价。这种评价方式无法及时发现和解决幼儿的问题、满足幼儿的需求，也难以对幼儿的发展进行全面的评估，更无法关注到幼儿的纵向发展。

（二）教师评价仍然占据主导地位

教师评价仍然占据主导地位，缺乏幼儿自我评价和相互评价的机制。这种评价方式忽视了幼儿在评价中的主体地位，让幼儿失去了表达自己想法和意见的机会，也难以发现和解决幼儿的问题、满足幼儿的需求。

为了解决这些问题和弊端，幼儿园应该采取更加开放、多元、互动的评价方式，注重对幼儿创造力和想象力的培养与评价，建立幼儿自我评价和相互评价的机制，制定多元化和个性化的评价标准，注重对幼儿发展过程的连续性评价，从而更好地发现、解决幼儿的问题，满足幼儿的需求，促进幼儿的全面发展。

第二章

幼儿园视觉艺术创意活动的理念建构

美育除了艺术活动内容之外,还应该拓展到生活中,在非艺术领域培养幼儿发现美、感受美的心灵,让幼儿用自己的方式赏画探究、寻花存美。

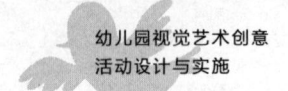

一、以美怡情，浓情育德

中共中央办公厅、国务院办公厅印发的《关于深化教育体制机制改革的意见》指出，"要构建以社会主义核心价值观为引领的大中小幼一体化德育体系。"针对不同年龄段学生，科学定位德育目标，合理设计德育内容、途径、方法，使德育层层深入、有机衔接，推进社会主义核心价值观内化于心、外化于行。

2022年教育部颁发的《幼儿园保育教育质量评估指南》对幼儿园的品德启蒙工作提出了明确要求。幼儿园品德教育应以情感教育和培养良好行为习惯为主，并将其贯穿于幼儿各个领域的学习与发展中，让幼儿在潜移默化中养成良好的行为习惯，拥有良好的品德。

立德树人是教育的根本任务，而育人的根本目的是立德。培养什么样的幼儿是我们教师作为教育者需要思考的重要问题。将幼儿创意美术与德育相融合，不仅能促进美术教育的良好发展，也可以实现对幼儿道德素质的培养。在实际教学中，教师通过挖掘美术活动中蕴藏着的德育资源，将德育渗透到美育中，有效促进幼儿的健康成长。

（一）集体活动，赏名画爱山水

名画欣赏是幼儿接触优秀美术作品的一个载体，把名家名画欣赏引入课程，是幼儿接触优秀作品的有效途径。青绿山水画是中国的一种传统绘画形式，北宋画家王希孟创作的青绿山水画《千里江山图》是中国十大传世名画之一，也是我国青绿山水画的巅峰代表作之一，其画面内容丰富，群山巍峨壮观，青绿山水意境唯美，非常适合幼儿欣赏。

以此画为载体，设计了下则美术活动，让幼儿通过欣赏《千里江山图》，用水墨晕染的方式表现青绿山水，体验艺术表现和创作的乐趣。也鼓励幼儿大胆表达自己的所思所想，萌发幼儿对作品的喜爱之情，以及油然而生的爱祖国江山的情感，培养幼儿独立自主、团结合作、关爱友善、乐于分享等优秀品质。

课 例

《千里江山图》

活动目标：

1. 从不同角度欣赏《千里江山图》，尝试用水墨晕染的方式表现巍峨壮观的群山。

2. 了解青绿山水画的特点，萌发对传统国画的喜爱，进一步激发爱祖国的情感。

活动准备： 课件、视频、颜料、毛笔等。

活动过程：

一、活动导入

观看视频，云游庐山。

二、认识《千里江山图》，从多种角度欣赏画作

（一）整体欣赏

1. 有一位画家叫王希孟，他用长卷画的方式，将庐山的美丽景象画了下来，非常了不起。这就是举世闻名的《千里江山图》。我们一起来欣赏一下。

2. 欣赏完《千里江山图》，你心里有什么感受？

小结：我们的祖国有如此大好山河，我们为此感到幸福和自豪。

（二）细节欣赏

1. 这幅画里的山长得一样吗？

小结：山丘有远有近；有高有低；有平缓，有陡峭；有长满绿树的山，也有光秃秃的山。

2. 山的颜色是什么样的?

小结:土黄色,蓝色,青色,颜色互相重叠、过渡。

3. 画里除了山,还有什么?

小结:除了层层叠叠的山丘,画里还有山间民居,各种各样的桥,大小不同的船、小溪、瀑布。

三、幼儿表现《千里江山图》

（一）自由分组,以长卷画的形式完成画作。

（二）用勾线笔表现层层叠叠的山丘,用毛笔蘸水和水粉颜料,通过水的晕染,由浅到深地表现山丘的颜色。

（三）最后,用金色记号笔添画桥、鸟等细节。

幼儿分组作画

四、作品分享

（一）将每组的作品连接在一起,形成我们自己的《千里江山图》。

（二）和同伴一起,说说自己是如何表现高高低低的山丘的。

作品分享 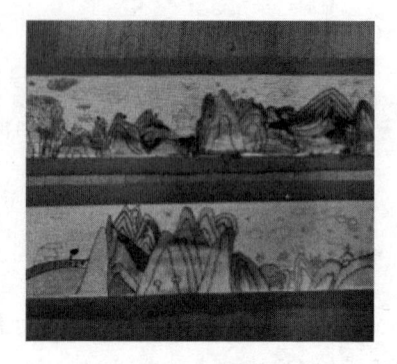　　　　　　幼儿作品《千里江山图》

美育价值是内隐的。审美立德体现在幼儿园集体教学活动的实施过程中,教师可以从作品形式、创作背景、分享表达等方面挖掘德育价值。在探索与发现中,可以把作品的内容和幼儿的实际生活经验融合在一起,并以更多的形式来展现。幼儿的创作有独立创作,也有合作创作,可以多鼓励幼儿介绍自己的作品,也可以通过审美教育活动来凸显德育价值。

(二) 一日活动,爱家乡爱祖国

结合主题活动和节日,我们开展了相关活动,让幼儿感受到周围人对自己的爱,并懂得表达自己的情感。同时,也进一步培养幼儿爱家乡、爱党爱国的情感。

案 例

我是中国人

在国庆节期间,结合"我是中国人"的主题,我们开展了一系列爱党爱国的活动。我们鼓励幼儿在市区进行红色基地的打卡活动,了解中国共产党的建立及发源地;我们发动家长和幼儿一起回忆和了解中国的一个主要大城市的特点和特色,并在班级内进行交流分享,感知中国的幅员辽阔;我们通过民族服装秀,让幼儿知道中国是一个多民族的国家,每个民族都有自己的文化和习俗;我们通过每日的新闻播报,让幼儿了解一些国家大事和发生在我们身边的事情,关注并感受中国的变化,培养幼儿爱家乡、爱祖国的情感;我们发起了"了不起的中国人"活动,让幼儿了解一位对中国有贡献的人并进行分

"童心向党"海报 　　耀眼的"国旗红" 　　欢乐的"丰收红"

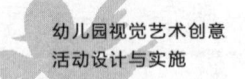

享,我们还引导幼儿通过制作感恩卡来表达自己对这些有贡献的人的感谢之情,培养幼儿的感恩之心。

通过系列主题活动,幼儿不仅仅了解了中国的伟大、中国人的优良品质,还萌发了要向他们学习的美好愿望。我们也引导幼儿从现在开始,从小事做起,向这些了不起的人学习。

如果信念有颜色,那一定是中国红。我们围绕最美中国"红"开展了一系列的活动。在每日的"畅聊艺术"中,请幼儿聊聊自己眼中的中国红是什么?耀眼的"国旗红"、欢乐的"丰收红"、温暖的"吉祥红"、灿烂的"丹霞红"……孩子们你一言我一语,说出了自己眼里的中国红。其次,我们引导幼儿利用幼儿园里的小山坡和草地表演了自编的红军小故事,学习故事里的解放军叔叔们的勇敢和坚强。最后,我们还鼓励幼儿使用各种材料搭建战斗艇,再现他们听过的红军故事里的场景。

我的家乡

在师幼共同收集各种图片、材料及参与活动的过程中,在真实、健康的情绪感染下,幼儿熟悉了家乡的地理位置,了解了家乡的名胜古迹,萌发了爱家乡、爱祖国的真情实感。幼儿在师幼共同创设的生活环境中感受到热爱祖国的氛围和热情。幼儿的品德启蒙并非一蹴而就的,相信在我们的共同努力下,一定能够点亮幼儿心中的那一盏盏明灯,指引幼儿向光明前行!

品德教育之所以被我们所强调,是因为幼儿作为完整的人,需要给予他们思想上的引领,以实际行动践行对品德内涵的理解。对幼儿而言,从实际感受、体验、尝试中初步了解品德,就是一种品德启蒙教育的体现。品德启蒙教育不应该束之高阁,而是应该以具体的行为、积极的互动实现对幼儿思想的启迪,将抽象化的思想转化为具象化的实际操作,培养幼儿的核心素养。

二、以美启慧,乐慧育智

(一) 领域融合,环境巧变化

领域融合的环创理念体现了幼儿园的环境创设是在幼儿在园一日活动的实施过程中渐进生成的,体现环境创设的动态变化性和过程生成性[①]。美育通过在五大领域中的渗透和融合,使幼儿内心进入到审美状态,从而实现身心的和谐、统一,进而促进幼儿的全面发展。

与科学领域的融合。除了将日常教学中的知识作为墙饰发挥教学和审美作用外,也可以将科学小实验中的操作演示教具等体现数学美和科学美的图像或互动教具装饰在公共楼道或大厅,将真实的而不是玩具版的听诊器、望远镜、显微镜等科学器材放置于专用室中,方便幼儿随时观察和使用。

与社会领域的融合。将幼儿在集体活动中接触的绘本或影视动画中的正面人物形象通过美术活动或戏剧活动进行创编,并用这些绘画作品装饰环境,或将拍摄的幼儿戏剧表演作品通过屏幕进行展示播放。此外,还可以利用视听技术、虚拟现实技术构建全息感知的审美和道德体验环境。如利用VR(虚拟现实)技术和AR(增强现实)技术将现实场景和虚拟场景进行融合,从而予以直观展示。

与健康领域的融合。除了利用图片和视频展示健康的体魄美和运动美,更要创设充足的场地、投放适当的运动玩教具、开辟相适宜的区角,为幼儿的健康发展提供外部环境,尝试创编相应的模仿动作,鼓励幼儿以表演的形式表达、表现内心的感受,使得幼儿通过直接的身体动作体验到健康美、运动美。

(二) 经验迁移,探究兴趣浓

艺术既是直觉活动,也是智力活动。艺术学习要求学习者具备感知、记忆与概念形成能力。这包括使用和转换符号,识别图案,感知形状、大小、颜色和质地的相同与不同。对儿童来说,一个重大的感知能力上的成就就是能够想到不在眼前的事物,并且找到一种方式把它表达出来。

---

① 刘飞. 美育视角下幼儿环境创设的理念与实践[J]. 陕西理工大学学报(社会科学版),2021,39(3):70—76.

案 例

影子游戏

片段一：

在一个阳光明媚的午后，孩子们在操场上散步时，幼幼等几名幼儿玩起了手影游戏。没一会儿，只听依依叫道："看，我们的千手观音。"只见几名幼儿排成一列，做着各种千手观音的动作。依依的这一句话吸引来了更多的孩子，他们立马加入其中，一个个排在后面，千手观音的队伍越来越长了……

千手观音

片段二：

那天，孩子们在光影室里玩游戏。他们用手电筒照着玩手影游戏。这时，毛毛好像想到了什么，跟小伙伴讨论了起来，原来他们也想在光影室里玩千手观音。只见他们有的在前面做，有的在后面照，一会儿近、一会儿远，一会儿左、一会儿右，不停地调试。洲洲还想到利用彩色玻璃片来变化背景的颜色，孩子们不断尝试着……在分享交流时，麟麟说："我拿手电筒照的时候手很酸，还要不停地调整角度，好累哦。"于是，我便接着问道："那你们有没有什么好办法能让他不那么累呢？"佳佳说："可以把手电筒固定在一个地方呀。"麒麟回答道："那我下次试试看吧。"

手影游戏

幼儿将户外手影游戏的经验迁移到室内的光影室中，而且增加了舞台背景的不同效果;在分享交流环节,也能提出自己的困惑,同伴帮忙一起解决。这些无疑都体现了幼儿在探究与认知、自我与社会、语言与交流、美感与表现等方面的能力。当有幼儿需要帮助时,大家一起出谋划策;当玩千手观音的手影游戏时,孩子们的合作精神值得赞赏;当加上了颜色背景后,幼儿表现得更起劲了。在整个过程中,孩子们自发、自主地不断探索、游戏,教师则为他们提供了充足的游戏时间与空间,并以同伴的身份一同参与到他们的游戏中。

　　光影天天伴随着我们,却往往被忽略,幼儿的手影发现让大家都产生了探索"光影"的兴趣。在活动中,我们期望幼儿通过自己的直接感知、实际操作和亲身体验,用自己的肢体及各种工具,探索和发现光的各种秘密,如光和影的关系等等,感受科学探究的兴趣。《3—6岁儿童学习与发展指南》指出,"科学教育应密切联系幼儿的生活实际,利用身边的事物与现象作为科学探索的对象。"和孩子一起发现、分享周围新奇、有趣的事物或现象,一起探索和寻找答案,是我们教师可以做的。而且,我们还为幼儿提供了多种不同材质的材料:透光的、不透光的;镂空的、不镂空的,还让幼儿自己去寻找想要探索的材料,在迁移科学经验的同时培养了幼儿关于光影的美感。

三、以美增趣,拾趣育心

　　美育不仅仅在审美活动中完成,也可以在幼儿的学习、与人的交往以及探索自然的过程中,引导幼儿感受美、理解美,从而支持幼儿获得全面发展。因此,视觉艺术创意活动应在活动区域上进行拓展,不仅仅局限在创意美工室,还应该让幼儿在任何一个场合进行视觉艺术创意活动。

　　著名学前教育家陈鹤琴先生说过:"大自然是我们的知识宝库,大社会是我们的生活宝库,是我们的活教材。"春天,是万物复苏、生机盎然的季节,公园中绽放的各种各样的花朵,抓住了幼儿的眼球,这就是对自然界中的美的体验。

(一) 趣寻花,各种各样的美

　　随着幼儿兴趣的生发,教师带领幼儿来到公园的各个角落,寻找各种各样的花。教师不需要过多引导,只需让幼儿与自然里的花朵亲密接触,感受和欣赏花朵的美,幼儿就会自然而然地关注到春日里花的色彩、形态等特征,会用自己的语言、动作等来描述它们美的方面,如颜色、形状、形态等。

片段一:寻花[①]

森林公园春游日,孩子们手拉手,哼着小曲,自由组团,形成寻花小分队,并带着一个寻花小任务。

"哇!这里有一片好大的花,像太阳一样,快来快来。"宋词兴奋地邀请大家来看。

"这些花有的整一朵都是黄色的;有的里面一圈是黄色的,外面一圈是白色的,真好看。"沃恒裪惊喜地说道。

"快来看,这里有一种紫色的花,一根枝条上有好多朵小花。"陈玥兮指着一片薄荷花说道。

"这个紫色花的茎上有细细的、小小的毛毛,摸起来毛茸茸的。"陈彦菲说。

"老师,我发现一朵很牛的花,快来看。"陈玥兮睁着一双大眼睛,骄傲地来跟我分享她的发现,"你看,就是这个像球一样的花,它还长在这根大葱的头上,厉害吧!"

"这些白色的花小小的,下面的叶子是爱心形状的呢!"宋词说。

"这里有一朵黄色的花,它的叶子上有一个个尖尖的小刺,这是什么花?"

"是蒲公英,你看,旁边有白色的蒲公英。"沃恒裪说。

"我们把它们剪下来带回幼儿园吧,这样我们的教室就会变得很漂亮!"陈彦菲充满期待地说出自己的想法。

小朋友们分成几个采花小团队后开始行动。不一会儿,几个人的手里满满都是花了。

(二) 趣探花,不断变化的美

《3—6岁儿童学习与发展指南》指出:幼儿科学探究的核心是激发探究兴趣,体验探究过程,发展初步的探究能力,并对中班幼儿提出了具体的目标要求,即"幼儿能对事物或现象进行观察比较,发现其相同与不同"。幼儿在对不同种类的花进行观察、比较的基础上,发现花的基本结构,即一朵花是由花瓣、花蕊、花蒂、花茎和叶子组成的这一相同点;同时,也发现不同种类的花的颜色、花瓣的形状、花瓣的颜色等特征是不一样的。教师可以为幼儿提供一些有趣的观察工具,如放大镜等,帮助幼儿观察。教师

[①] 该活动在公园可采摘区域举行。

也可以为幼儿提供笔和记录纸,引导幼儿及时把自己的发现记录下来,帮助幼儿形成初步的探究能力。

镜头 1:

在森林公园的春游寻花之旅之后,小朋友们回到幼儿园里,积极大胆地分享自己在公园里的发现,对采摘来的各种各样的花朵展开了讨论:

师:"这些花有什么一样的地方吗?"

幼 1:"花都是有花瓣的,里面还有花蕊。"

幼 2:"花的下面是有花蒂的。"

幼 3:"花的下面是花的茎,花茎上面是花的叶子。"

师:"一朵花是由花瓣、花蕊、花蒂、花茎、叶子组成的。"

师:"这些花有什么不一样呢?"

幼 1:"每一种花的颜色是不一样的,有紫色的、黄色的、白色的……"

幼 2:"每一种花的花瓣形状是不一样的,有爱心形状的,有圆形的,还有一根根线条一样的花。"

幼 3:"花茎有长长的,有细细的,那个紫色的花茎上面有毛茸茸的毛,摸起来软软的。"

镜头 2:

第二天,小朋友们来到幼儿园的第一件事就是来看一看自己昨天收集的花,

宋词:"有好几朵花色的太阳花的头垂下来了。"

陈玥兮:"我们采的那些漂亮花瓣都烂掉了。"

沃恒祁:"这些花摘下来之后能很难活了……"

陈彦菲:"要留下美丽的它们也太难了!"

宋词:"它们需要阳光、水和泥土,离开了这些它们就要死掉了。"

幼儿观察到了收集来的那些花"头"垂下来、花瓣烂掉的现象,进行了大胆猜测,并大胆表达出自己的想法,还把自己的发现记录在了记录纸上。这也达到了《3—6 岁儿童学习与发展指南》对中班幼儿的能力要求:能根据观察结果提出问题,并大胆猜测答案;能用图画或其他符号进行记录。

(三) 趣插花,寓意丰富的美

《3—6岁儿童学习与发展指南》指出:每个幼儿心里都有一颗美的种子。在生活中,美的东西往往能够吸引住大家的眼球,幼儿对花束中的玫瑰花情有独钟,也是因为他们参加过婚礼的已有生活经验,让他们加深了对玫瑰花的印象。

镜头1:

随着花花世界活动的开展,小朋友们不约而同地从家里带来了花。飞飞带来了两捧花束,晶晶带来了一些白色的小野花并插在了玻璃瓶里,田欣一带来了一朵大大的、带刺的、红色的花,吴沐辰从家里带来了五颜六色的满天星和紫色的、白色的、黄色的绣球花。

韩越新:"这些花跟公园里的花长得都不一样!"

晶晶:"我认识这朵红色的花,它叫玫瑰花。"

宁梓妍:"我妈妈经常泡玫瑰花茶喝。"

梅光耀:"上次我爸爸就送给我妈妈这样的花的。"

宋词:"我上次去做花童的时候,看到新娘子的房间里有这样的花。"

田欣一:"我这花是在来幼儿园的路上采的,但我听外婆说它叫'芍药'。"

一时间,大家对花束里的玫瑰花产生了浓厚的兴趣。

镜头2:

我们要把这些花束插在水里面,不然它们会马上枯萎掉的,我们该用什么把它们插起来呢?小朋友们开始交流讨论起来,并寻找教室里的工具。

彭梓彦:"可以用空瓶子。"

郭佳彤:"建构区里的纸杯也可以的。"

飞飞:"用那个吃过的薯片罐也可以。"

王晟杰:"自然角里的浇水壶里就有水,可以把花插到那个里面去的。"

听取了大家的想法之后,小朋友们开始行动,先往工具里面装上水,然后尝试着把这些花插进去。

在与幼儿的谈话交流过程中,可以感受到幼儿对玫瑰花的花语的理解,也不需要老师把玫瑰花花语的学术化解读告诉幼儿,幼儿就能感受到玫瑰花所象征的意义。

如："爸爸送给过妈妈的"，幼儿可以感受到爸爸妈妈之间通过玫瑰花来进行爱的表达；"新娘子房间里有的"，幼儿在婚礼上感受到玫瑰花是美好事物的象征，是爱的传递等。在这样一种社会文化中，萌发幼儿对美的感受和体验。幼儿想找工具把花养起来，这就是对生活中的美的一种守护，表达了幼儿对生活中的美的喜爱之情。

（四）趣存花，想要留住的美

面对花凋谢、枯萎的这一现象，在我们成人眼里，这是再正常不过的事情，花谢花开是自然规律，我们理解并欣然接受。但是，幼儿往往不同于成人，他们有自己的想法和对这个世界的独特理解。

《3—6岁儿童学习与发展指南》指出："幼儿对事物的感受和理解往往不同于成人，他们表达自己的认识和情感的方式也有别于成人。"因此，在幼儿提出要把花的美丽留下来的时候，作为教师，我们应该给予幼儿充分的理解和尊重，为他们创造条件和机会，让他们在不断迸发出的想法中，用自己的方式把花的美留在教室里。

镜头 3：

美工室里，小朋友们忙碌地创作着自己心中的干花作品。他们把制作完的干花放在桌子的中间，选择好自己所要的材料，沉浸在"秘密花园"的立体制作中。

蓓蓓："我选了五颜六色的花，上次去森林公园看到的莫奈花园里就有各种各样的颜色。"

王晟杰："我要用轻泥做些小动物躲在干花丛中，就像它们在和我们玩捉迷藏一样。"

飞飞："老师，干花不够了，能再多给我点吗？我要我的花园里种满花，送给妈妈。"

田欣一："我在做一个干花相框呢。"

制作干花相框

镜头 4：

陈玥兮在长卷上制作树叶精灵,小精灵的脸上挂满了泪水。于是,我问道:"小精灵怎么哭了呀?是遇到什么不开心的事了吗?"

陈玥兮:"他们没有不开心,他们是去公园里种树,怎么会不开心呢?"

"没有不开心,怎么会哭呢?"我追问道。

"是梧桐树的絮絮飘到眼睛里了,就忍不住流眼泪了,就和我们上次春游的时候,在森林公园里的情况是一样的。我还记得叶义姿的眼泪止也止不住,眼睛都哭肿了。"陈玥兮边说着,边给右边的树叶精灵的全身涂上了粉红色。

"他怎么全身都是红色的?"我又问道。

陈玥兮:"他花粉过敏,所以皮肤都红了。"

镜头 5：

幼儿提出自己的设想:"怎样拓染,可以把这些花草的色彩留住?"

蓓蓓:"要选好看的花和树叶。"

唏唏:"可以用胶带纸把花和树叶黏在布上,花就不会移动了!"

晶晶:"要用花瓣摆好看的造型。"

吴沐辰:"用锤子使劲地敲,把花里面的花水敲在布上。"

徐少卿:"没有锤子,用我们的积木也可以。"

郭佳彤:"用石头也可以。"

陈彦菲:"这样,颜色就在布里了!"

于是,幼儿进行了第一次尝试,拓染的结果与幼儿想象得不太一样,效果一般。幼儿遇到了以下问题:"图案乱七八糟的,一点也不整齐。""这个不像花,只有一半啊!""印得一点也不清楚。""你看,叶子都敲进布里了!""敲的声音太大了,耳朵痛死了!""那个胶带好难撕,每次撕,它都会自己黏在一起,太麻烦了!""是呀,我也不会撕胶带,刚刚还是王晟杰帮我的。"

发现了问题,幼儿继续探讨解决问题的方法:

蓓蓓:"用胶带黏黏的,可以把花和叶子黏住。"

唏唏:"先找到胶带的头,用手一圈一圈地摸,就可以撕开了。"

王晟杰:"我妈妈每次用完胶带就会把那个头黏一下,这样下次就可以很容易找到头了。"

咘咘:"好朋友要互相帮忙,一个人拉胶带的头,一个人拿着胶带。"

吴沐辰:"用剪刀剪断。"

蓓蓓:"一起把胶带纸贴上。"

王晟杰:"黏好还有拍一拍,这样黏得更牢"。

经过讨论之后,再用帆布包拓染的时候,幼儿两两合作,一个人拿胶带,一个人负责剪断。有了合理的分配之后,帆布包的拓染制作效果果然改善不少。

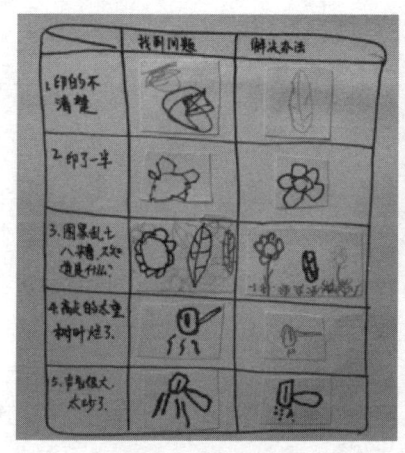

植物拓印记录表　　　　　　　制作帆布包

找到拓染的问题所在,幼儿再次尝试拓染,他们一点点掌握了拓染的小技巧。教师更惊喜地发现,在拓染活动中,幼儿会组成小组,同伴之间相互鼓励,相互帮助,让拓染活动变成了一种享受。

植物拓染的自然创作活动,不仅让幼儿掌握了拓染的方法,敲拓出了各种各样的棉织品,同时也让幼儿感受到了自然拓染的创作乐趣,提高了自己的审美能力。奇妙的植物染,引导幼儿开始探索更多的来自不同植物的天然染法,怎样满足幼儿的兴趣,再次感受"染"的魅力呢?

《3—6岁儿童学习与发展指南》指出,我们要理解幼儿的学习方式和特点。幼儿的学习是以直接经验为基础,在游戏和日常生活中进行的。幼儿在寻花之旅中,在春游的快乐情境中,在大自然的自由游戏环境中,去发现花朵的颜色、形状、结构等,从而在游戏中获得学习的经验。随着活动的进行,当教室里的花出现枯萎等现象时,幼儿有他们自己世界里的独特认知,这时教师需要做的就是充分地理解和支持幼儿,而不是用自己的审美标准去评判他们。

第三章

幼儿园视觉艺术创意活动的目标设计

站位儿童立场、思考当代生活、解读发展指南,聚焦活动设计的核心;关联幼儿的真实生活、倾听幼儿的真实心声,是设计视觉艺术创意活动课程目标的基本视点。

视觉艺术创意活动需要站位儿童立场、思考当代生活、解读发展指南,聚焦活动设计的核心;关联幼儿的真实生活、倾听幼儿的真实心声,设定幼儿"创意素养"的培养目标,以及活动中用于教师重点观察的"隐形目标"。

一、儿童立场:目标设计的核心

"为每个幼儿的健康幸福实施快乐启蒙教育"是上海市学前教育课程的基本指导思想。我园课程立足于"以美启慧"的办园理念,在持续推进学前教育改革和课程实践的过程中确立本园的课程理念:以美启慧,成就每一个。同时,提出MY课程,"MY"既指"美(mei)育(yu)",也指"密(mi)云(yun)"。此外,"MY"这一次还有"我的"之意,即这是属于密云幼儿园幼儿自己的课程,将密云幼儿园的美育理念与儿童立场合二为一。

(一)美育课程,丰实美的土壤

课程即美的滋养。MY课程回归儿童,将生活中美好的东西一点一滴地渗透给儿童,通过他们的眼、他们的手、他们的嘴、他们的心,帮助他们建构起对生活的全新认识;让儿童在美的情境中大胆表达、表现,同时也成为园所环境中最富有生命力的一道道风景。

课程即共生智慧。MY课程立足全人教育,以游戏为基本活动,让幼儿在平等自主、关爱信任的氛围中,在与材料、同伴、成人的积极互动中,共同创生有意义的生活经历与智慧。以幼儿的健康幸福成长为教育起点实施全人教育,凸显幼儿教育内容的全面性与启蒙性。

课程即内在生长。MY课程的课程目标凸显内在生长的视角,课程内容突出生命的活性,课程评价与管理彰显以人为本,认可每一个幼儿的生命体验,尊重他们的选择。遵循幼儿发展规律优先、幼儿可持续发展优先、幼儿发展需求优先,将幼儿视为学习和发展的积极参与者,聚力支持幼儿整体发展、主动发展、差异发展。

美育融合的首要逻辑是将美育培养目标与"全面发展的人"的终极目标相融合,保持内部一致性。① 那么,视觉艺术创意活动应对幼儿的发展给予多元支持,其教育作用应当是统整融合的而非单一的。我园教师基于"融合"理念的共识,在课程视角下探索活动设计。

设计上的"领域融合": 在活动中将语言领域、艺术领域、健康领域有机结合,提升幼儿的审美感受和创造能力。打破以单一指向性的领域经验来创设活动室的传统模式,为幼儿提供多形式、多途径的互动体验,融合多领域经验,拓展幼儿的思维。

安排上的"时空融合": 对多次集体活动进行融合,打破幼儿对名画的前期解读和后续创作的壁垒;为幼儿提供一个相对自由的时间,创设一种能激起幼儿创作欲望的艺术空间,让幼儿能用自己喜欢的美术方式表达情绪和认知。

组织上的"活动融合": 糅活一日生活四大板块与"创意坊"活动安排,支持幼儿在一日生活中主动学习。例如,当幼儿在视觉艺术创意活动中熟悉某一个材料或者某个内容时,再进行集体活动。也可以在创意坊中延续学习活动的内容,并将其拓展为自主游戏。

(二) 创意活动,内在美的呈现

幼儿园视觉艺术创意活动的目标不应过多地强调最终的艺术创意作品,而应更多地关注幼儿天性释放的过程,站在儿童的立场,满足他们的需要。

幼儿在进行视觉艺术创意活动时,常常是一种游戏的心态。教师应合理创设情境,切实满足幼儿在美术创意与自主创造方面的想象需求。② 继而让幼儿感受到艺术创意活动是一个自由体验和表达的过程,并让幼儿在艺术创意活动中体会到愉悦感、胜任感、自信感和被接纳感。

幼儿不仅是活动的参与者,更是活动的设计者,他们有自主表达、自由发挥的权利。从创设活动室的环境、材料,再到活动内容的开展,幼儿能够调配、创造资源,从而对视觉艺术创意活动进行设计。

通过幼儿访谈,我们汇总得到的关键词是"新",包括新的设备、新的游戏、新的经

---

① 李彬彬,吴键. 明确美育融合课程的意义[N]. 中国教师报,2022-08-31(4).
② 张小媛. 发现美,探索美,创造美——幼儿园创意美术研究[J]. 智力,2022(3):190—192.

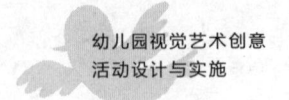

验、新的互动。

二、当代生活：目标设计的关键

艺术来源于生活，幼儿的艺术也反映着他们的生活。"幼儿是天生的艺术家"，艺术家的特质是充满好奇心与创造力，而幼儿自出生起就不带一丝偏见地来到全新的世界，探索、发现世界。由此，在心中表现出极大的好奇心与创造性。

在艺术教育的过程中，成人无需过多地插手幼儿艺术审美的自然生长过程，而是要"呵护天性"，由内而外地唤醒和激发幼儿本身就具有的艺术潜能，而非由外而内地传递成人认定、框定的艺术准则。

（一）童真创意，源于真实生活

满足幼儿游戏需要和创意表达表现需要应是"创意活动"的核心价值，幼儿园视觉艺术创意活动的目标应适应我们当代的生活。创造力、艺术审美能力、动手操作能力是教师首要关注的能力。幼儿生活中因兴趣生成的内容应成为教育目标的来源。

我们需要思考如何结合幼儿生活，关注幼儿的兴趣点，让幼儿成为主人，而不是靠教师想当然地为幼儿预设艺术活动的目标。基于幼儿的兴趣和能力，使视觉艺术创意活动的设计能够主动吸引幼儿的注意，激发幼儿的探索、创作愿望，并提供针对性的条件和机会供幼儿尝试。

在活动中，幼儿往往会带给我们"惊喜"。他们会根据自己的已有经验进行艺术创作，并生成许多意想不到的内容，例如，他们会设计出自己的二维码名片，还会假装在进行视频直播等，这样的内容是我们在活动前无法精准预设到的，所以教师应设计的是长远的、与时俱进的、利于幼儿发展的教育目标，而这个也是可以随幼儿的具体情况不断调整和改变的。

（二）始于当下，倾听儿童心声

回归幼儿当下生活，教师以班级为单位开展幼儿访谈，关注幼儿最有兴趣、记忆最深刻的内容，以及幼儿对于视觉艺术创意坊的想象。例如，以"豆豆"为形象，带入具体情境,了解幼儿在视觉艺术创意坊活动中对于环境、同伴、内容、情绪的不同需求。

　　在视觉艺术创意坊里,小班幼儿觉得"最好玩的内容"是画画和彩泥。中班幼儿喜欢游戏性活动,例如,转盘画、投屏涂色。绘本工坊里的互动桌、交互屏幕、放映筒广受幼儿喜爱,电子信息设备很有趣,可以与幼儿互动,而且家里没有这样的设备,只有在视觉艺术创意坊里才能体验到。

　　从对话实录来看,我园幼儿大多能表达出自己的独特想法。

　　面向小班幼儿提问:"最喜欢涂鸦室里的哪些活动内容?"

表2　小班幼儿访谈表

分类	幼儿的回答
物件	姚佳乐:"我喜欢金色的麦田。" 杨曦宸:"喜欢装饰透明小帐篷。" 吴黛瑶:"我喜欢羊毛卷卷。" 吴豆豆:"我喜欢狮子造型师。"
画画	徐砚青:"我喜欢写生画。" 龚灵芸:"我喜欢画画,我想画红色的小苹果,喂给小熊吃。" 陈思亦:"我喜欢画画,我想画一个我自己,我想给自己穿漂亮的裙子。" 奚昊阳:"我喜欢画画,我想画很多路上开的小车。" 施昱喆:"我喜欢画画,我想画好多小怪兽!有好多眼睛的那种!"
彩泥	曹晟睿:"最喜欢用彩色轻泥装饰纸箱。" 杨嘉非:"喜欢用轻泥装饰盘子。" 徐又桐:"我喜欢玩彩泥!我想捏很多不同的形状!" 姚小葵:"我喜欢用轻泥制作小昆虫。"
拓印	熊佳乐:"我喜欢玩圈圈拓印。" 赵梓涵:"我喜欢装饰树叶。"

　　面向中大班幼儿提问:"三个活动室里,你最喜欢玩的内容是什么?"

表 3　中大班幼儿访谈表

分类	幼儿的回答
材料	黄子逸:"我喜欢在创意工坊里用很多的材料做很多的东西。" 周泳儿:"我喜欢看各种各样的小画册,里面有很多我喜欢的画家和作品。" 陈俊驰:"互动桌、交互屏幕、放映筒。因为家里没有,在电子屏幕里画画可以互动,很有趣。"
游戏	戴倪飞:"我喜欢去创意工坊,玩转盘画画游戏。" 郑昕妍:"我喜欢在创意工坊里用水彩笔给树叶涂颜色,挂起来变成树叶风铃。" 王语玥:"我喜欢光影坊,因为可以给海底生物涂颜色,然后放到海底世界的大屏幕上去。" 王希悦:"影子游戏、小房子。家里爸爸妈妈不同意我玩手电筒,全黑的屋子很神秘。"

在创意工坊、绘本工坊和光影工坊中,创意工坊人气最高,60%的幼儿喜欢它有漂亮的布置、材料多,可以体验到"和教室里不一样"的活动。30%的幼儿偏爱光影工坊,喜欢在里面自主探索。

面向中班幼儿提问:"二楼有三个活动室,创意工坊、绘本工坊和光影工坊,你最喜欢哪个地方?"

表 4　中班幼儿访谈表

分类	幼儿的回答
创意工坊	戎星辰:"我最喜欢创意工坊,里面布置得很漂亮!" 柳恩承:"我最喜欢创意工坊!因为那里有一个圆盘转起来就可以画出不同的线条,很有意思。" 柳恩杰:"我最喜欢创意工坊,因为里面的画笔和教室里面的不一样。教室里的笔不能画到树叶上,那里的笔可以。" 陈芊颖:"我最喜欢创意工坊,我可以和好朋友一起画画,我画的作品很漂亮!" 杜怿心:"我最喜欢创意工坊,喜欢在那里玩颜料。" 王裕辰:"我最喜欢创意工坊,可以用很多材料装扮小人。"

续表

分类	幼儿的回答
光影工坊	苏佑齐："我最喜欢光影工坊，里面虽然黑黑的，但是可以看到许多不同颜色的光。我可以想怎么玩就怎么玩。" 陈彦菲："我最喜欢光影工坊，我最喜欢里面的光影小屋，用手电筒照能有好看的图案照在房顶上。" 彭梓彦："我也最喜欢光影工坊，喜欢用手电筒在墙上照来照去，玩手影游戏。"
绘本工坊	王晶晶："我最喜欢绘本工坊，墙面上能投出许多小鱼，我喜欢用海洋球与小鱼互动。"

我们向幼儿提问"如果你是小小设计师的话，你准备带什么材料去活动室玩？"小班幼儿更倾向于携带自己熟悉的物品或玩具进行互动游戏；中班幼儿更加注重材料的功能性，通过展现自己的想象来完成某一个作品；大班幼儿则会考虑用材料做出来的作品能否与其他幼儿互动。

表5　小班幼儿访谈表

分类	小班幼儿的回答
画材	姚佳乐："我要带一些彩色的布料。" 吴黛瑶："我想要把我的画板带到活动室里。" 陈思亦："我想带很多贴纸，这样可以装饰我的裙子。" 徐又桐："我想带一些钻石，贴在画上面亮亮的。"
自然物	徐砚青："我想要带一些花朵来。" 龚灵芸："我想带一点花，因为花很漂亮。" 姚小葵："我想要带一些树叶，这样我的小昆虫就不冷了。" 施昱喆："我想带小树叶，我想用好多小树叶拼在一起。" 杨嘉非："我会带一片很大的树叶来装饰。"
玩具	奚昊阳："我想带小汽车，我想在小汽车上画画！" 曹晟睿："我会带一辆小汽车，用轮胎玩颜料。" 熊佳乐："我会带一个奥特曼，用轻泥给奥特曼做一件战袍。"

续表

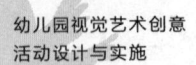

分类	小班幼儿的回答
	赵梓涵:"我会带一只小兔玩具,然后我用轻泥和宝石亮片给它造一幢漂亮的房子。" 杨曦宸:"我要带一个大娃娃,用自己的脚来拓印。" 吴豆豆:"我想要把小动物带到活动室里和我们一起做游戏。"

表6　中班幼儿访谈表

分类	中班幼儿的回答
场景想象	柳恩杰:"我想去创意工坊里画恐龙,把恐龙画成和真的一样大。" 苏佑齐:"我想把奥特曼带去光影室,那里很黑,我可以用奥特曼打怪兽。" 柳恩承:"我想把积木带到创意工坊里,把我画出来的车子变成真的,再展览给大家看。" 陈芊颖:"我想把怪怪鸡的故事挂在创意工坊的墙上,让其他班级的小朋友也知道我们编的故事。" 戎星辰:"我要把上次妈妈带我去参观的一个展览放到创意工坊里,我们也可以像参观艺术展一样去参观。"
材料替换	王晶晶:"想要带不同的球到绘本工坊玩投掷游戏,海洋球太轻了。" 杜怿心:"我想要有各种颜色的纸,这样我就不用去教室里拿了。" 王裕辰:"想要更多能装扮小人的材料。" 周泳儿:"我想带圆点贴纸做出和草间弥生一样的作品。" 王语玥:"我想带我的图画本到光影坊里,把海底世界画下来。" 黄子逸:"我想带大点的纸箱到创意工坊里做机器人。" 陈彦菲:"除了动物的影子图片,想要有更多能照出来好看的玩具。" 彭梓彦:"想要带更多的手电筒,亮一点的手电筒。" 戴倪飞:"我想把沙水池里的沙子带点到创意工坊里,可以玩沙画。" 郑昕妍:"我想收集更多各种各样的树叶做风铃。"

表7　　　大班幼儿访谈表

分类	大班幼儿的回答
创意工坊	幼儿A:"能不能在墙上画画,要有各种各样的颜色和材料,都贴到墙上。要像画家一样,再到写生板上用颜料画画,还可以把家里不要的材料放到创意室,比如百洁布、钢丝球、梳子等等。" 幼儿B:"用各种粗细的线做拖线画,还想用橡皮泥或是陶泥做长城、做各种美食等等,还可以用透明胶做标本,还可以投放些3D打印的东西到创意工坊里。" 幼儿C:"希望能够多一点椅子、手电筒,让我们每个人都可以玩。"
绘本工坊	幼儿D:"绘本投影到墙上能发出声音就好了,用各种各样的材料做绘本。" 幼儿E:"把自己的作品或者任何东西带到电视机前进行拍照,并投到电视机上进行借形想象、再创造。" 幼儿F:"想画一个大大的棋盘投影到墙上,然后和朋友下棋。"
光影工坊	幼儿G:"玩猜一猜的游戏,猜猜摸一摸好朋友。" 幼儿H:"多带几个手电筒,用手电筒照着各种东西进行故事表演,要多一些彩色的纸,让影子变出各种颜色来。" 幼儿I:"带本子,把编的故事画下来,还可以带一些闪片、亮片进去,让光影室里闪亮亮的。"

三、发展指南:目标设计的依据

《3—6岁儿童学习与发展指南》明确把艺术领域分为"感受与欣赏"和"表现与创造"两大部分。对幼儿来说,首先是感受美,由此积累起来的感知和经验才有助于幼儿进行艺术创作,从而提高艺术表现能力。由此可见,感受与欣赏是表现与创造的前提,艺术教育应该从感受与欣赏入手,在此基础上进行表现与创造。因此,幼儿欣赏和幼儿表现同等重要,这是教师在实施创造性艺术活动时必须遵守的首要准则。

(一)自由表达,唤醒艺术潜能

幼儿美育是依据幼儿身心发展规律,从幼儿兴趣出发,结合幼儿的生活实践,通过客观事物的直观形象来激发幼儿的审美情感,培养幼儿审美创造力的一种教育活动。

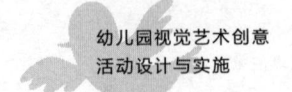

幼儿美育的目标是要让幼儿学会发现和感受自然界与生活中美的事物,通过让幼儿欣赏多种艺术形式和作品,萌发对美的感受和体验,鼓励和支持幼儿自发的艺术表现和创造,培养幼儿美的表现能力与创造能力。[①]

(二) 发展优先,释放幼儿天性

如何看待视觉艺术创意坊活动的目标,直接影响着教师如何看待活动以及活动中的幼儿,进而影响到教师对幼儿的活动支持以及幼儿在活动中的空间与自由度,最终便自然而然地影响活动结果。

当教师不设目标的时候,无论是教师还是幼儿,最终都会变得随意散漫,漫无目的;当教师设定了明确目标的时候,活动方向十分明确,却限制了幼儿的想法,不利于调动幼儿的积极性。而且,由于目标的存在,教师在活动的过程中站在了主导的位置上,从而限制了幼儿活动的多样性和自主性,这样的活动让幼儿感觉到很没劲,很快就不喜欢玩了。

我们认为,应当设定一个比较宽泛的、隐性的目标。观察幼儿是否有探索的意愿和兴趣;观察幼儿在切换画笔粗细、颜色、投屏过程中是否存在困难;关注幼儿的兴趣点,支持幼儿推动游戏的开展——这些内容都可以作为教师在活动中的观察重点。

隐性目标的存在,对幼儿的影响是间接的,或许幼儿根本感觉不到它的存在,因为目标并没有被转化为幼儿必须完成的任务。然而,对教师来说,隐性目标的影响却是直接的,它可以帮助我们更好地观察幼儿,了解教师预设的目标与幼儿在活动中产生的兴趣点这两者之间的距离,进而做出是要支持还是要等待的决定,这就避免了活动的随意性,使幼儿玩出花样、玩出水平、玩出智慧。

这种将活动目标隐含于观察重点之中,但又不因此将幼儿活动局限于教师预设的做法,一方面为教师的观察指导指明了方向,教师既要关注目标以内幼儿的行为,又要关注目标以外幼儿的表现;另一方面,又不将幼儿的活动局限于目标之内,这更容易激发幼儿的多元探索与发现、多样表达与表现,是更尊重、更适合幼儿的活动。

综上所述,幼儿园视觉艺术创意活动是以儿童视角为基点,以视觉艺术创意坊为平台,以多元材料为支持,以信息化技术为推动,进而使幼儿在游戏活动中获得五感融

[①] 陈晨.基于儿童生活世界的幼儿美育研究[D].淮北:淮北师范大学,2021.

合、五育融合、经验融合的体验，促进幼儿的全面发展。同时，在此基础上，设定幼儿"创意素养"的培养目标。

审美感知：喜欢接触多元文化，尝试感受多种多样的艺术形式和创意作品，能发现和感受生活中的美。

互动体验：与教师和同伴、环境材料积极互动，积累自己对美的感知和体验。

创造表达：积极地运用语言以及其他非语言方式进行表达，展现出一定的想象力和创造性。

第四章

幼儿园视觉艺术创意活动的内容生成

  从目标到内容,将抽象的育人理念转化为具体的育人实践;依据目标生成内容,联结起幼儿的已有经验和发展需要;把目标渗透于内容,展现幼儿美育的"润物细无声"。

本章节以"走进自然、我爱我家、密云趣事、我是大师"四类经典活动为例,说明不同活动内容的生成形态和生发过程。

一、走进自然:活跃内容生成

大自然是活跃的,可以激发幼儿的五感体验。艺术无处不在,在日常生活中,在大自然和周围环境中,随处可见艺术的元素,特别是户外大自然中的美。幼儿有着敏锐的感觉力,在接触自然的过程中受益良多。户外不仅是幼儿释放自己被压抑能量的地方,也是一个完整的学习环境。在自然中的经历能有助于幼儿培养科学思维、美学思维,因此我们要引导幼儿敏锐地感知、发现和欣赏自然中的美。

案 例

花田里的"十字"小人

春天是万物复苏的季节,大自然也是色彩斑斓的。在幼儿园"寻春日美"的主题活动中,孩子们每天来到小菜园,被田地中金黄色的油菜花所吸引,会走近看一看,摸一摸花朵,闻一闻,还有的孩子会用放大镜观察起花朵的形态,还会被花间穿梭的蜜蜂和蝴蝶所吸引。老师在小菜园的油菜花地边也提供了涂鸦的材料和工具,孩子们很自然地在画板上将自己看到的内容进行涂鸦。我蹲在花园里看着孩子们在墙上或用绿色,或用黄色进行涂鸦,表现自己看到的油菜花造型。小香米在画面的最上方画起来了一个个类似十字的图案,她不停地在那里画着。我等了一会,终于忍不住问她:"这是什么花呀?是刚才飞来的小蜜蜂吗?"小香米看看我,摇摇头,回答道:"不是,这是我呀,小朋友们一起在看油菜花呀!"原来这些"十字"是一个个小人啊!有趣极了,我还问她:"那哪个是你呢?"小香米点了其中的一个(图案),"这个是我!"。

幼儿真的有自己的想法,他们是天生的艺术家,艺术也是释放天性的过程。拓宽视野,丰富幼儿对艺术和美的感受,幼儿会比成人更容易发现自然环境中的美,他们对于美的好奇充满了童趣。

案 例

我们的"树叶风铃"

近期,在户外活动中,孩子们对叶子很感兴趣。他们开始主动探索叶子的秘密,到大自然中寻找各种各样的叶子,感知季节的变化。

第一阶段:捡树叶

孩子们在园内外捡来了各种各样的树叶,还有小花。通过捡树叶发现了树叶的不一样和特别之处。

第二阶段:探叶子

孩子们将带来的叶子放在一起进行分类和比对,发现树叶的形状各异,有的细细长长,有的像爱心,有的是几瓣组合成一片,有针形的、扇子形的、手掌形的、蜈蚣形的、蝴蝶形的、椭圆形的,非常多样。他们发现树叶的颜色也很丰富,有暗红的、土黄的、浅绿的、橙黄的、大红的、深绿的、火红的、灰色的。通过观察比较,孩子们认识了更多的落叶颜色和形状。

"我们用什么来装扮树叶呢?"老师问孩子们,"我想用水彩笔画树叶。""我想用颜料画树叶。""我想试试油漆笔画树叶。"孩子们积极地说着自己的想法。于是,大家决定在创意美工室制作树叶风铃。

第三阶段:玩树叶

活动开始前,孩子们将自己准备好的树叶摆放到创意美工室里。他们将树叶进行了分类,摆放在不同的区域,并且熟悉了美工室里的材料,提前为自己后续的创作做好计划和准备。

活动开始后,孩子们根据自己想要尝试的方法,开始自己的创作。他们在树叶上画人物、画动物、画波点、画线条,也有人描绘树叶上的叶脉。有的孩子尝试把树叶剪成各种有趣的形状,再进行绘画和涂色。

将装扮好的树叶布置到风铃上时,孩子们互相商量按不同制作方法装扮的树叶进行分类放置,有线条波点风铃、色块涂鸦风铃、树叶标本风铃等,分出了具有不同特色的风铃,也体现了孩子们自己的审美情趣。

通过一系列活动,孩子们发现自然物——叶子有很多秘密,比如大小、颜色、形状,而且叶子的品种也有许多。如果平常不去关注,很难发现这么多有趣的知识。在制作树叶风铃的过程中,孩子们注意力集中,他们不仅对装扮树叶很感兴趣,他们还会细细探索叶子的细节处,发现叶子背面的叶脉纹路更清晰,能看到小叶子努力生长的痕迹。孩子们在认识中感受自然的美。

二、我爱我家:激荡内容生成

幼儿园和家庭常常被喻为车子的两个轮子,对于幼儿的成长来说,两者都是必不可少的,也是彼此所不能替代的,更是密切配合、相辅相成的。幼儿园要为家长提供多种形式的合作平台,为家长与幼儿创设相互交流、相互学习的机会,吸引家长积极参与到幼儿园的活动中来,充分地挖掘家长资源。双方应该积极主动地相互了解、相互配合、相互支持,通过幼儿园和家庭的双向互动,共同促进幼儿的身心健康、和谐发展。同时,要充分利用丰富的社区资源,了解社会生活,轻松愉快地融入社会生活,让幼儿不仅爱自己的小家,更要爱班级、爱幼儿园、爱祖国这个大家,全面提高幼儿的素质。为此,我们也在积极行动着。

案 例

牢筑"防火线",安全伴"童"行

"安全无小事,责任重泰山。"为进一步加强幼儿的消防安全意识与自我保护能力,让幼儿更好地了解基本的防火知识及自救方法,我园特别邀请虹口区消防支队的消防员叔叔们走进幼儿园,开展了一系列消防安全活动。

结合幼儿活泼、好动的年龄及性格特征,孩子们通过亲身感知、实际体验、交流互动,了解消防员的工作,在心间牢筑安全"防火线"。在活动中充分实现园所和社区的有效联动,共同助力、携手"童"行,成就每一个幼儿健康、平安、快乐地成长!

　　在活动过后,中大班的哥哥姐姐纷纷提议要将这些逃生小技能、急救小知识、安全小演习、消防大揭秘等活动用图文的形式记录下来,可以给没有参与到这场活动的托小班的弟弟妹妹看。这下,孩子们在幼儿园视觉艺术创意活动室中忙碌了起来,有的孩子在绘本馆里将故事绘制在玻璃片上后进行放映并解说;有的孩子在光影坊中用红光模拟着火的情境,边灭火边讲解;有的孩子则在创意美术活动室中绘制着消防车,将看到的都记录下来。

　　这样的活动内容是幼儿十分感兴趣的,并且是有益的。不仅如此,我们还通过校园、家园、社区的联动,丰富了幼儿的艺术感知,如:通过参观美术馆、博物馆来丰富幼儿艺术感知,提升审美品质。在观看作品的同时,不仅仅是艺术审美体验,还有多领域的融合,在欣赏的过程中提升幼儿的语言表达能力,萌发对新事物的好奇与探究欲,实现与信息化媒介的感知与互动。此外,我们充分利用家长资源,开展家长助教活动,与幼儿园视觉艺术创意活动有机结合起来,丰富活动内容。

三、密云趣事:参与内容生成

　　幼儿园视觉艺术创意活动的内容来源于教师、来源于幼儿,同时也来源于师生、生生、生材之间的有效互动。幼儿在视觉艺术创意活动中是占据主体地位的,他们可以玩自己想玩的任何活动,教师也可以向幼儿提供其感兴趣的活动内容,并通过有效的互动,推动和支持幼儿对视觉艺术创意活动的参与、探索、尝试和表达表现,培养幼儿的审美力、创造力与表现力。

(一)教师的创意,生长新经验

　　在红色绘本馆中,教师根据幼儿的兴趣,提供了许多红色绘本,满足幼儿阅读红色故事的兴趣,并提供纸笔,让幼儿从欣赏到创作,让红色绘本馆中都是属于幼儿自己的红色绘本。

在红色故事汇中,为幼儿提供表达表现的机会,让他们大胆展示并表现自己的作品。同时,追随幼儿的兴趣和需求,在活动环境中同时做了"加法"和"减法","加"上幼儿需要的大屏幕,"减"去幼儿不需要的音响,生成了红色配音秀活动。通过新设备的加入,生成幼儿新一轮的兴趣点,红色放映厅活动也由此诞生了。

案 例

红色放映厅的演变

围绕"我是中国人"主题,我们开展了"献礼二十大,最美中国红"的活动。在这个过程中,幼儿对于红军的故事非常有兴趣,到了幼儿园视觉艺术绘本工坊里,就会画一些《邱少云的故事》《英雄董存瑞》等故事,还时常自己编一些红军的故事。于是,我便为孩子们提供了纸、笔、打洞机,让他们创作属于自己的红色绘本。没多久,绘本工坊里就都是孩子们的"红色绘本"。随后,我们在绘本工坊里开了一场又一场的"红色故事汇"。

十一长假回来后,城城说:"我妈妈给我看了《闪闪的红星》的故事,是一个动画片,我们一起去光影室里看吧。"光影室的音响刚好坏了,放的电影没有声音。城城说:"我会讲这个故事。"于是一边放着电影,城城一边简单地讲述这个故事,还模仿潘冬子说着简单的对话。包包说:"这也太精彩了吧!"第二天的光影室活动时间,包包问我:"今天电影有声音了吗?""有,我带了音响下来。""能不能不要用?我也想试一试学潘冬子说话。"包包和亦汝开始了他们的"配音秀",我将他们的表演录了下来。

活动后,我推出放映筒:"这个机器你们需要吗?"可可说:"哦!对!我们还可以画在这块透明板上放电影。"张云深说:"画好放,然后再说故事。"……孩子们七嘴八舌地讨论着,也生成了许多新想法。

从红色绘本馆到红色故事汇,再到生成红色配音秀,最后到开展红色放映厅活动。

教师追随着幼儿的兴趣,不断调整环境,并在环境的动态调整中,引发他们一次次的游戏高潮,看似主题没变,但是,幼儿玩出了各种精彩。

我们认识到,这次幼儿园视觉艺术创意活动的内容是由教师代入的,而且随着活动室环境的动态变化,幼儿的身心发展也随之而变。另外,除了环境的动态调整外,教师也需要关注到环境的互动力,环境中的"美"固然不能忽视,但更要考虑让墙面变得有生命,更立体,可创造,具有可供幼儿探索操作的功能。

(二) 幼儿的创意,探索新可能

给予幼儿充足的时间,提供多元的材料,允许幼儿充分地亲身感受材料与工具,直接与材料互动,获得最真实的感知。当幼儿探索某种材料时,教师给予幼儿足够的自由空间,保证幼儿尽量尝试他们想要做的事。教师要做的就是观察和等待,这样幼儿就能够根据一张纸变化出多种玩法。

案 例

《纸张变变变》

因为有了第一次参观的经历,托班孩子们进入活动室后,对活动室中摆放的各种各样的彩纸很有兴趣,他们东摸摸西瞧瞧,还把小班孩子们留下的彩纸都撒在了地上。看来孩子们都很喜欢彩纸哦!"你们喜欢这个房间里的什么呀?"老师问大家,孩子们都跑去自己感兴趣的材料旁,或者拿来,或者指给老师看。看了看孩子们拿取的材料,老师的心里有数了。"那我们下次就来玩这些漂亮的纸好吗?""桌上有哥哥姐姐玩过的纸,我们也玩和他们一样的。"……于是,有了第二次的活动内容,孩子们坐在地垫上,周围摆放着老师提供的各色彩纸,"像哥哥姐姐上次玩得那样,把纸变小。""怎么变小呢?"老师和孩子们一起,有的人捏,有的人揉,也有人学着把纸撕成长条,再变小。变小的纸,孩子们又开始抛撒起来。

不仅如此,活动室中的材料除了可操作的工具外,幼儿完成的作品也可以作为一种欣赏材料提供给幼儿,将作品有序地、富于美感地摆放在环境中,以一种无声的艺术信息在潜移默化中丰富幼儿的审美体验。同时,还可结合幼儿的生活经验和感兴趣的内容,投放艺术家的作品,为幼儿提供可观察和欣赏的材料。当然,需要注意的是,我们提供艺术家的作品,不是为了让幼儿创作出一个一模一样的作品,而是借鉴艺术家的创作手法,将教育资源隐形地藏在环境里,培养幼儿的艺术感觉,扩展幼儿多样的艺术表达,以此让幼儿在与"材料"的互动中创造出别样的精彩火花,生成出更多的幼儿园视觉艺术创意活动的内容。

四、我是大师:嵌入内容生成

美和艺术是幼儿成长过程中不可缺少的部分,每个幼儿都是一个艺术家。毕加索曾说过,他用了一辈子的时间来学习怎样像幼儿一样画画。既然幼儿和大师之间有这样的共通之处,那我们幼儿园视觉艺术创意活动的内容也可以让幼儿去观察、理解、欣赏乃至用自己的方式再现大师们的作品,引起大师和幼儿之间的共鸣。

我们利用电子多媒体技术开展名画欣赏活动。一开始,许多教师担心名画与幼儿的欣赏能力、水平相差甚远,难以取得共鸣。实践经验告诉我们担心是多余的,关键在于指导的方法。我们摸索出"听(画家的故事)——看(作品)——读(分析作品表现符号)——说(谈自己的理解和感受)——做(再现大师作品)——评(升华审美感受)"的启发模式,引导幼儿欣赏名画名作,大胆表达出自己的想法和感受,让幼儿与大师进行深层互动,让艺术像清泉一样滋润着幼儿的心田,让大师卓越的审美滋养着幼儿的精神和感觉。

(一) 走近大师,慧感受

《3—6岁儿童学习与发展指南》(以下简称《指南》)中提出要"创造条件让幼儿接触多种艺术形式和作品"。中外名画是让幼儿感知具体绘画语汇和表达感受的良好素材。名画中形式与内容的完美结合能够让幼儿充分感受不同媒介、不同表现手法的不同效果以及不同的情感表现,而且部分作品也明显地传达着某些绘画的技能和技巧。因此,我们选择了大量适合幼儿欣赏的大师作品,建立了《我是大师创意美术课例集》。

《我是大师创意美术课例集》按照幼儿不同的年龄段进行划分,遵从幼儿的年龄特点,通过对大师作品的内容、大师的生平和创作、大师的小故事、大师的代表作、大师的其他作品、大师的作品特点或代表符号的分析,带领幼儿走进大师。不仅有中国的艺术家,如齐白石、吴冠中、丰子恺等,还有国外的艺术家,如梵高、马蒂斯、蒙德里安等。按艺术流派分,有主流派、民间派、现代派等。按风格分,有文艺风格、洛可可风格、巴洛克风格、印象派、立体派、抽象派等。不仅有家喻户晓、学术性很强的达·芬奇、丢勒等,还有黑白艺术家菲利普·萨科瑟,以及圆点行为艺术大师草间弥生,还有奇思妙想的肖像画家朱塞佩。不仅有绘画作品,还有剪纸作品、摄影作品和雕塑作品等。

(二) 解读大师,慧欣赏

我们结合名作欣赏,引导幼儿把对作品的感受大胆地表述出来。读画、说画的过程是进一步理解名画、感受美的过程,也是培养幼儿细致观察能力和表达能力的过程。教师要充分尊重幼儿的见解,保护他们的想象萌芽,相信他们的鉴赏力。

幼儿有自己喜欢的画家和作品,能根据自己的感受说出很多见解。例如,"我觉得梵高画的树像一团火一样,特别好看!""修拉画得最好看了,有些小点点使每样东西都像真的一样!""米罗的画也好看,画上好像是怪兽,很奇怪,但是很好看!"欣赏米罗的作品时,琳琳想到了:"有个人看见了彩虹、星星、太阳,他就很想飞上天,可是他没有长翅膀。"而小旭说:"这是一个开心的梦,米罗在梦里收到了很多礼物。"在视觉艺术创意活动室里,幼儿围着一些画热烈地讨论着,他们像专家一样点评同伴的作品。有的小朋友说:"我猜,你是学梵高爷爷画的,他喜欢用这种一截一截的弧形线条来画画!""我这幅肯定是学修拉爷爷的,看!这是点彩派的!""这幅画是毕加索风格,因为很多东西都是用几何形状来构成的。"……

小班的幼儿还不能用完整的语言表达,他们会很起劲地学画中人的动作,教师可以和幼儿一起给画中人起名、编故事。中班的幼儿已经开始关注色彩带给自己的冲击,关注重复的技法特征。大班的幼儿不仅能很准确地说出自己的感受,还能跳出色彩关注线条,对风格和流派产生兴趣。

在引导幼儿理解作品的过程中,我们还有几点感悟:一是幼儿的审美感知特点以直觉行动为主,具有直觉性、整体性和同一性。从某种程度上讲,幼儿的直觉感知比成人强,他们不受理性的干扰,和艺术家有着相似的感觉。他们都在追寻着自己的感觉。大班上学期的幼儿已经能用完整的话说出整体的感受,还能关注到作品中的细节,并从多幅作品中找到画家的标志性技法。教师要尊重幼儿的感受，让幼儿敢说、敢讲，不能用成人的感受代替幼儿的直觉。二是"授之以鱼不如授之以渔"。结合欣赏名家名画和生活中的美术作品，引导幼儿从色彩（色调冷暖等）、线条（曲线、直线、螺旋线等）、形状（三角形、方形、圆形等）、景物（树影、建筑等）、构图（大小、远近、前后遮挡等）等角度来分析作品，读懂大师想表达的情绪。三是要有不同形式的重复。教师只有通过一系列美术欣赏活动，使幼儿反复不断地运用所学到的美术知识，才能提升幼儿的审美能力，激发幼儿的审美表达。四是作品欣赏可以和大师本人的介绍融合在一起，使幼儿通过大师的生平、生活故事的启迪，赋予作品更多的感情色彩，理解作品的深层含义。五是幼儿的发展是有差异的，要允许并接纳幼儿在表达上的能力差异和多元表现。我们发现有的幼儿在他人表达时都只是在听，好像自己没有看法，实际上他在进行学习和比较，当积累够了，他也会乐意说出一些感受。

（三）成为大师，慧创意

《指南》提出，"创造机会和条件，支持幼儿自发的艺术表现和创造。""提供丰富的便于幼儿取放的材料、工具或物品，支持幼儿进行自主绘画、手工等艺术活动。"只有再现名画，幼儿的创造力才会被激发出来。怎样既能让幼儿再现作品，又不落入强调技法的"临摹名画"的误区呢？怎样让幼儿的创作激情不被粗浅的绘画技能绊倒？怎样让幼儿的表现更富有创意呢？我们运用多元材料，消除了幼儿画名画的最大障碍。多元材料的创意美术不再依赖画笔、纸张，而是向幼儿提供生活中的各种材料、用具，并将此作为绘画的工具。我园在视觉艺术创意坊的各个角落里都投放了丰富的材料，生活中的吸管、珠子、盒子、刷子、滚筒、报纸、石头、棉花等，都是幼儿再现名画的"笔"和"纸"。

案 例

朱塞佩《鲁道夫二世肖像画》

孩子们尝试在空白的硬板纸上创作小人。先请一个小朋友躺在硬板纸上，围着身体的轮廓进行勾勒，有了大致的人物造型后再创作"有趣的小人"。王晶晶负责装饰小人的头发，拿来了很多绿色藤叶以及紫红色的干花，用藤叶做出了小人卷卷的发型,将干花作为发型的装饰;韩越新和王裕辰负责装饰小人的上半身,用银杏叶做披肩,用红色的落叶做半身裙;徐少卿则拿来麦穗做草裙。最后,孩子们还用树枝给人物造型加上手,并在耳朵处加上了"珍珠耳环",把小人打扮得更加美丽。

例如,教师给幼儿欣赏了朱塞佩的《鲁道夫二世肖像》,画中人物的造型是由各种蔬菜水果通过摆放组合而成的。幼儿通过观察,发现在摆放的时候要注意物体的形状,比如用胡萝卜制作鼻子时,要上窄下宽;葡萄和麦穗这种数量多、密集的食物可以用来做人物的头发。

我们还通过异质同构的活动方式,有机地整合音乐、语言与美术中的艺术元素。如,以钢琴曲《拉德斯基进行曲》和《西班牙斗牛士》导入美术欣赏活动,在古琴的伴奏下欣赏吴冠中的《水乡》;以念一首儿歌、编一则小故事作为走进丰子恺作品的"金钥匙"。

经过一段时间的尝试,我们欣喜地发现名画欣赏活动在提升幼儿的艺术审美创造力、提高幼儿园视觉艺术创意活动的质量上成效显著。幼儿的艺术感觉更加敏锐了,视野也被开拓了,对周围美好的事物和艺术作品常常表现出喜爱之情,产生自由表达的兴趣。幼儿的创造力被激活,真正做到了多元感受、激活审美和创造表现。

第五章

幼儿园视觉艺术创意活动的实施策略

为幼儿创设美的浸润环境,给予幼儿"美的感染";与幼儿共享美的互动体验,让每一个幼儿在与环境的互动中吸纳"美的能量";让幼儿进行美的自主表达,用"美的滋养"帮助幼儿获得内在快乐的能力。

我们从"空间环境、实践操作、展示分享、节日浓趣、时间融入、游戏表演、现场研学"七个角度展现教师"以美启蒙"的智慧,在运用幼儿园视觉艺术创意活动实施策略的过程中,师幼共同创生有意义的生活经历与美的体验。

一、空间环境:创造艺术表现机会

《幼儿园教育指导纲要(试行)》指出:"环境是重要的教育资源,应通过环境的创设和利用,有效地促进幼儿的发展。"林琳和朱家雄认为,幼儿园要创设丰富多样的环境,以此来刺激幼儿发挥想象力和创造性,运用自身所创造出来的符号去自由、自主地表达和展示。[①]

空间环境首先需凸显审美性,即幼儿在色彩、形状、空间等不同要素的组合中感受到一种美感,满足幼儿视觉和心理的需要。其次,环境创设的过程要允许幼儿参与其中,审美的过程不是客观评价的过程,当幼儿参与其中,便会产生一种意义感,美由此延伸开来。最后,也是最为关键的,美育不仅仅在审美活动中完成,也在学习中、与人的交往中、探索自然的过程中感受美、理解美。

对于活动环境的优化,需要强调富有美学特征的环境设计,充分运用空间分割、色彩和线条、光线明暗与变化等为幼儿创造生理和心理舒适的空间。另外,也可以使用幼儿自己或同伴的作品来布置视觉艺术创意坊的环境,让幼儿边创作边欣赏,打通五感体验,实现五育融合。

营造支持性环境从以下四方面进行考虑:(1)空间位置是否利于幼儿的互动交往;(2)是否提供了互动性强的材料设备;(3)教师是否能够通过语言、肢体动作,适时与幼儿进行互动;(4)活动室中是否有展现幼儿游戏成果的区域。

(一) 小小设计师,共划新校园

幼儿园里的每一块场地,每一面墙,每一个角落,都是属于孩子们的。暑假期间,

---

① 林琳,朱家雄.学前儿童美术教育与活动指导[M].上海:华东师范大学出版社,2014.

幼儿园进行了大装修。面对新校园,孩子们的小脑瓜里肯定会有很多新奇的想法,我们应当倾听孩子的声音,理解孩子的想法,尊重孩子的意见。

由此,请孩子们来担任"小小设计师",共同参与环境创设,一起为幼儿园"献计献策",从而使创设的环境更适合孩子们的需要,也更有利于孩子们的发展。

我希望……

今天,孩子们担任"小小设计师",带上画笔和画本,来到操场上,一起为幼儿园接下来的环境创设出谋划策。

瞧!小小设计师工作的时候有多认真呀,他们专心致志地将自己的希望和想法画在设计图纸上。

小小设计师

蹦蹦:"希望幼儿园的水池里有鱼,这样就可以玩钓鱼游戏了。"

柳橙:"希望幼儿园的操场上有火车,小朋友运动累了可以坐在火车上休息。"

刘梓伊:"希望幼儿园有很多的大树,树上都能结出果子。"

……

这些真实、有趣、有意义的想法都被详实地记录了下来,也将成为之后园所环境改造的重要依据和内容。

我的设计图

梦想成真

柳丁希望幼儿园的操场上有汽车玩具,这样他就可以玩"开汽车"的游戏了。

施彦荀、陈芊颖、苏佑齐在设计图纸上画着,"希望幼儿园的操场上有长长的滑滑梯。"他们的设计梦想都在最近得以实现了。瞧!他们玩得多开心,笑得多快乐呀!

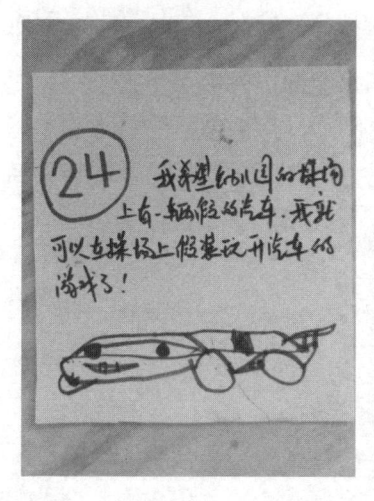

梦想成真

邀请幼儿担任"小小设计师",共同参与环境创设,倾听幼儿的声音,理解幼儿的想法,尊重幼儿的意见,使创设的环境更符合幼儿的需要,更有利于幼儿的发展。因为幼儿才是环境创设的主人,幼儿园里的每一块场地、每一面墙、每一个角落,都是属于幼儿的。

当我们根据幼儿的所思所想和发展需求对环境进行规划、创设与调整时,当幼儿发现自己的设计想法被采纳并梦想成真时,他们的喜悦之情溢于言表,他们的归属感和成就感也就更强烈了。

"小小设计师"的活动,让我们发现了幼儿的奇思妙想,了解到了幼儿心中的需求和想法,也让我们惊喜地感受到每一个幼儿都是独立的、具有自主发展意识和能力的生命个体。只有追随幼儿的想法,才能真正看到幼儿的需求和精彩。

(二) 与自然相拥,寻找春天美

春天是万物复苏的季节,也是出游的好时节。以春游为契机,让幼儿走进大自然,感知春天的"美"。在寻找大自然秘密的过程中,丰富幼儿的感官体验,引导幼儿在玩耍中发现与探索,充分发挥想象,与同伴协力合作,不断创造性地解决问题、实现创想,并能促进幼儿运动机能、感知、平衡协调等能力的发展。

结合春游活动,我们从故事《小熊找春天》出发。孩子们听完这个故事后纷纷进行了创编,他们有的说"小鱼是会游泳的春天",有的说"小鸟是会飞的春天",有的说"蜜蜂是嗡嗡叫的春天",有的说"油菜花是黄黄的春天",还有的说"小花是美丽的春天"……孩子们一下子打开了话匣子,都在找寻不一样的春天。

案 例

春日寻春

活动目标：

1. 感知春天的天气与花草树木的特征,发现身边自然景色的变化,感受春天的美。

2. 激发对事物进行观察与探索的兴趣。

活动准备： 活动计划书。

活动内容：

活动 1：春天的标本

材料准备：轻泥、花草树木、垫板若干。

游戏玩法预设：

将春天美美的花朵、叶子放在轻泥上,用垫板进行按压,制作成春天的"标本"。

活动 2：把春天装进瓶子里

材料准备：透明的塑料空瓶、树叶花草、水。

游戏玩法预设：

将春天的树叶、花草装进透明的瓶子里,再倒入五颜六色的水,把春天装进瓶子里。

活动 3：春日写生

材料准备：画板、画纸、画笔。

游戏玩法预设：

幼儿选择自己喜欢的景色进行春日写生。

活动 4：树叶吹泡泡

材料准备：各种形状的树叶、剪刀、树枝搭的泡泡架、橡皮筋、泡泡液。

游戏玩法预设：

1. 幼儿将自己寻找到的树叶对折后剪出任意形状的洞，蘸取泡泡液进行游戏。

2. 寻找"Y"型树枝，套上橡皮筋，蘸取泡泡液吹泡泡。

3. 鼓励幼儿寻找不同的自然物玩吹泡泡的游戏。

活动 5：镂空画里的春天

材料准备：镂空画若干。

游戏玩法预设：

带着自己准备好的镂空画去公园里寻找春天，通过透明的部分看花和树叶，记录下和大自然亲近的每一个瞬间。

在创意工坊开展"镂空画的别样精彩"活动时，孩子们在涂鸦室里通过画画、剪剪、摆摆寻找着"美景"。依依说道："老师，我们能不能带着这个到外面去看一看呢？""当然可以啊。"于是，孩子们提出可以将这个带到春游的公园去，投入到大自然的怀抱中，寻找镂空画里的春天。

我们在春游前还进行了讨论，制作了春游计划书，孩子们分小组进行活动，制作春天的标本、把春天装进瓶子里、春日写生、树叶吹泡泡、镂空画里的春天等。当天，孩子们还想尝试钻木取火、挖泥鳅等，大家都沉浸在欢声笑语中。

春日寻春

通过这次的春游活动，相信孩子们都在自然环境的浸润中感受到了春天的多姿多彩以及与同伴出游的愉悦，春的魅力也印在了孩子们的心中，相信在他们的心里也许已经开始期待下一次的旅行了吧。

（三）多样的材料，有趣的小人

材料是"有准备的美育环境"的重要组成部分，也是开展美育活动的物质基础，促进幼儿发展的物质载体。幼儿好奇于这个世界，有着无限的欲望想要去探索身边的一切。于是，他们会产生各种创造性行为。由此，幼儿积累起两种重要的智慧经验，即触觉经验与视觉经验，这两种经验是艺术的基础。幼儿就是在不断主动操作材料的过程中获取信息、积累经验和提升创造能力的。

我们将美育材料分为三类，一类是自然材料，就是我们从大自然中可以得到的，可以根据周围的环境条件来搜集。例如，花朵、树叶、树枝、泥土、石头……一类是生活材料，生活中吃过、用过的东西，穿过、用过的布料、纸壳等等，这些通过我们的重新整合都可能成为美术的材料。还有一类是我们为幼儿创设的材料，这些材料遵循幼儿的发展规律，根据不同年龄段幼儿的创作需求进行打造，幼儿对这些材料的操作，可以帮助他们更好、更快地完成艺术创作。

综合幼儿五感体验，提供视听、触摸等适合多感官体验的材料，增加幼儿的直接感知和自主体验，展开链接与想象。融合生活材料、自然材料，便于幼儿将生活环境、自然环境中的活动经验进行迁移。融合低结构材料、高结构材料，以低结构材料激发幼儿的创造力，以高结构材料支持幼儿积累基础性经验，学会识别材料的属性。

第五章 幼儿园视觉艺术创意活动的实施策略

镜头一：打扮小人，材料堆叠

创意美工室里摆放着各种造型的小人造型板。

"这些小人怎么都没有脸呀？"

"连头发也没有，是个光头！"

于是，孩子们提出一起打扮小人的想法，但是用什么东西来打扮呢？身处创意美工室，各式各样的材料琳琅满目，所有创意坊里的物品都可以让他们自由拿取。五颜六色的蛋糕纸是孩子们最喜欢的材料，孩子们把蛋糕纸一个个分开来平铺摆放在小人身上，再在蛋糕纸里放入金属制的小型蛋糕纸，变成了一番五颜六色的场景。

孩子们初次玩这个游戏，对于材料本身比较感兴趣，喜欢对材料进行堆砌和大面积使用，并没有在意整体的造型感和美感。

打扮小人

镜头二：田中跳舞，装扮五官

韩越新和王裕辰正在一起装扮一个蹦跳起来的小人造型。他们先把小人的五官装扮出来，然后根据小人的动作造型，想象他可能在做什么。

王裕辰："我觉得他在跳舞，你看他把两只手都举得高高的，脚也跳起来了，一看就很开心的样子。"

"那他在哪里跳舞呢？"老师问。

韩越新和王裕辰环顾创意美工室里的材料，将目标锁定在了稻草上。韩越新抱来两桶稻草，摆放在小人的脚下。

"这些稻草是干什么的？"

韩越新："小人在农田里跳舞，稻草就是庄稼呀！"

随后，两个孩子又用蛋糕纸装了很多马赛克放在小人手的位置处。

"这一个个蛋糕纸是什么意思？"

王裕辰："他跳舞跳累了，要吃饭了，要吃好多好多碗米饭！"

韩越新："这些米饭都是他自己在农田里种的，大丰收了！"

镜头一和镜头二是同一次活动中的两组作品。之后，教师将两幅作品放在一起给孩子们欣赏，让孩子们来说说比较喜欢哪幅作品。大家都喜欢韩越新和王裕辰的作品——《农田里的跳舞小人》。虽然第二组只有两个人完成，第一组有六个人，但是大家总结说人越多越乱。另外，孩子们还发现，同一种材料不能使用太多，不然整个小人都是用一种材料装饰而成，反而就不好看了。还有，材料也不是越多越好，在作品《农田里的跳舞小人》中，孩子们没有装扮小人的衣服，而是将重点放在了场景的创设上。所以，画面要有故事感，要能想象出小人今天是在干什么，这样才能让作品更有趣。

稻草人

镜头三：创意小人，有模有样

随着孩子们游戏的推进，以及一次次的游戏经验累积，孩子们尝试在空白的硬板纸上创作小人。先请一个小朋友躺在硬板纸上，围着身体的轮廓进行勾勒，有了大致的人物造型后再创作"有趣的小人"。

王晶晶、韩越新、王裕辰和徐少卿组成创意小分队，利用一些几何图形的小积木搭出了小人的五官。在这个基础上，孩子们开始商量分工。

王晶晶负责装饰小人的头发，她拿来了很多绿色藤叶以及紫红色的干花，用藤叶做出了小人卷卷的发型，用干花装饰发型。韩越新和王裕辰负责装饰小人的上半身，用银杏叶做她的披肩,用红色的落叶做她的半身裙。徐少卿则拿来麦穗做她的草裙。最后,孩子们还用树枝给人物加上了手,还在耳朵处加上了"珍珠耳环",把小人打扮得更加美丽。

孩子们从有具体形状的人型板到在硬纸板上自己创设人物造型,在画面的构图和材料的运用上有了很大的进步。在孩子们一次次进行"有趣的小人"的活动中,我给孩子们欣赏了朱塞佩的《鲁道夫二世肖像》,名画中的人物的造型是由各种蔬菜水果通过摆放组合而成的。在欣赏的过程中,我提问道:"这些蔬菜水果是随便放的吗?"孩子们通过观察发现,在摆放的时候要注意物体的形状,比如用胡萝卜制作鼻子时,要上窄下宽;葡萄和麦穗这种数量多且密集的食物可以用来做人物的头发……所以,通过对《鲁道夫二世肖像》的欣赏,孩子们在创作自己的作品时迁移了经验。

创意小人

在创意美工坊这样一个自由的创意环境中,孩子们用游戏的形式,通过使用各类美术材料、自然材料等对造型各异的小人进行创作,丰富人物的五官、衣着和所处场景。各种自然材料,是孩子们喜欢去触摸的,在触觉的感触下,在快乐的环境中,孩子们更会有创作的灵感。

材料其实很丰富,可以是布艺、纸艺、木艺、陶艺、织造等等,每一种材料都可能成为幼儿一次艺术活动中的"大功臣",都是他们用心创作的一次体验。所以,对于材料,我们不能局限于一个小小的范围,要关注幼儿对多元材料的需求。当我们为幼儿提供了足够的材料时,幼儿就能够进入缤纷的艺术世界。

二、实践操作:支持幼儿探索表达

幼儿在视觉艺术创意活动中的参与的积极性、体验的主动性、经验的发展性都很重要。教师应是幼儿开展视觉艺术创意活动的支持者、协助者、助推者,通过有效的师幼互动,对幼儿视觉艺术的发现、艺术材料的探究及创造艺术的能力进行优化,推动和支持幼儿对视觉艺术创意活动的参与、探索、尝试和表达表现。

为幼儿创设轻松、愉悦的活动环境,为幼儿营造良好的心理氛围,充分满足幼儿对环境、材料、内容的欣赏与感受的需求。尊重并回应幼儿的想法与问题,通过开放性提问、推测、讨论等方式,支持和拓展每一个幼儿的学习。

(一)情感互动,呵护幼儿天性

积极的情感能激发幼儿在视觉艺术创意坊中的游戏兴趣,幼儿能将愉快的游戏体验,转化为强烈的活动动机,从而形成一种对视觉艺术的认知态度,并保持这种行为。

师幼的情感互动是幼儿游戏的催化剂,是幼儿思维的激活剂,能调动幼儿丰富的情绪体验,使幼儿的感知变得敏锐、记忆增强、思维灵活,有利于幼儿多元智能的发挥,也有利于其创造潜能的充分展示。

片段:蝴蝶花园,给毛毛虫造一个家

一天早操结束后,我按照惯例和一半孩子在操场上打扫落叶、整理器具,深深忽然大叫:"看!我发现了好漂亮的毛毛虫!"我和孩子们循声观察,真的有两只非常漂亮的绿色毛毛虫正在树下发呆。大家围拢起来议论纷纷:"它们是不是死了?""不可能,你仔细看,会动!""它们为什么不吃东西呢?""会不会太冷了动不了?"孩子们七嘴八舌,但毛毛虫的确不怎么动,大家建议赶快查查原因。于是,我们回到教室后一起上网查,得知这个季节里的毛毛虫即将变成蛹,过低的温度也会影响毛毛虫结蛹。也就是说,这几天的大降温让即将成蛹的两个小家伙可能无法顺利达成下一步了。

"毛毛虫真可怜啊。"我感叹道。

兴趣是最好的老师,也是学习的最好助力,它是引起活动和保持注意的重要因素。

对感兴趣的事物，人们总是愉快、主动地去探究它，我想这是一个特别好的教育契机。

"嗯，毛毛虫太可怜了，要被冻死了。"孩子们附和道。

"老师，我们给毛毛虫造一个家吧。"

"这是一个非常好的想法，你们可以试一试哦！"我欣然同意。

于是，在创意工坊活动中，为两个小家伙能成蛹后变成蝴蝶而打造一个美丽的蝴蝶花园成了他们的目标。

蝴蝶花园

首先，需要一个花园，他们事先采集了一些掉落的花瓣，用黏土把它们固定起来，做成一朵朵花。然后，还商量着蝴蝶肯定会很喜欢花蜜，于是他们又采集了一些花蕊，放在花朵的中间。接着，他们根据当时秋日游园会创作稻草人的灵感，设想了蝴蝶出生后需要一些小精灵守护它们，于是用黏土做了几个小精灵。

在之后的活动中，孩子们还用各种材料制作了毛毛虫长大后可能变出的形态——各种各样的蝴蝶。

我们将"呵护天性"作为艺术教育的理念，相信"幼儿是天生的艺术家"，由内而外地唤醒和激发幼儿本身就具有的艺术潜能，而不是由外而内地传递成人认定的艺术准则。将"释放天性"作为艺术教育的目标，凸显幼儿的主体地位，并关注幼儿的艺术行为是否表达了个体的自我情绪和情感，是否表现了自我对外部世界的观察与思考，而不是生硬地去表现和表达成人强加于他们的想法。

正如以上案例，从发现被冻僵的毛毛虫，到引出毛毛虫的可怜，引发幼儿对毛毛虫的情感上的共鸣，从而驱动幼儿打造"蝴蝶花园"的内在需求，使幼儿自主地收集相关的资料和材料，激发了幼儿自主创作的动力。

(二) 捕捉问题，鼓励幼儿表达

艺术表达拓展了幼儿的交流渠道，给予幼儿一种抒发观点的方式，进而加强幼儿与世界的连接,让幼儿获得信任感和效能感。幼儿在创作后具有很强的表达欲与分享欲,他们心满意足地欣赏着自己的作品的同时,也想让成人和同伴来欣赏自己的艺术作品。

在艺术教育实践中,我们鼓励每一位幼儿表达,尽可能去接纳每一种想法。有了教师的信任和赋权,幼儿能自如、自主、自信地开展艺术活动。

案 例

探索光影,彩色的影子

幼儿园里新增设了光影工坊,孩子们在玩影子的过程中从不同的角度认识影子,感受影子的调皮与神奇,初步了解光源与影子的关系。

孩子们发现需要有墙、地面、屏幕之类的物体才能更好地让影子展示出来。游戏过后,孩子们用绘画的方式记录了在游戏中创编的音乐动作,并相互交流着。在大家交流的过程中,一个新的问题又产生了:不动的物体它的影子会动吗?他们在动手操作寻找这一个问题的答案时,意外地发现了一个新现象:光穿过彩色的积木能照射出彩色的影子,原来影子不全是黑的,也有彩色的影子呢。

彩色的影子

看见孩子们对彩色影子如此感兴趣,我便在美工区投放了绘画纸、透明的塑封纸、纸杯、胶带、透明塑料片、塑料薄膜等,孩子们各自选择材料进行绘画。完成后,孩子们又开始了对彩色影子的持续探索。彩色的影子到底是怎么产生的呢?这一问题触碰了孩子们好奇的神经,教师适时地提供材料,引发他们持续地探究,不仅激发了幼儿的探究欲望,更能促使其提升相关经验,使得幼儿通过猜测、探索等方式了解彩色影子的秘密。

在以上活动中,教师顺应幼儿的兴趣需求和发展需要,充分赋权,通过材料引发、问题支持、以同伴身份介入等方式,和幼儿共同进入光影的探秘世界。通过艺术教育呵护幼儿的想象力和创造力,我们鼓励幼儿自主、自由地去创造,一次次地为幼儿的无限创意感叹不已。

(三)顺应需要,支持幼儿发起

在辨识幼儿的已有经验,发现幼儿的兴趣、需求、问题以后,教师需要为幼儿在视觉艺术坊中的游戏活动创设必要的物质条件及行动助力,以吸引幼儿主动地加入到游戏中来。同时,遵循幼儿的艺术发展过程,允许幼儿主动发起多种活动,发挥教师的支持作用。

案 例

一片漆黑,暗房的诞生

经过了一段时间的光影工坊活动后,孩子们从最初的非常兴奋,尽情摆弄光影工坊里的材料逐渐发展到会自发、主动地产生一些剧情与对话。

"里面暗暗的,我们可以做一个这样的光影屋呀!"在光影工坊里,有一个用纸箱做成的光影屋。这一天,悠悠突然想起来要把整个光影工坊变成一个大大的光影屋。

其他小朋友听到后都觉得这个主意不错,他们还用手晃了晃,说:"现在很亮,就没啥意思!"立刻有其他孩子说:"如果变成漆黑一片就有意思了!"这

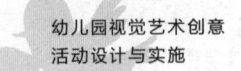

个想法得到一片赞同。

悠悠:"老师老师,我们想把整个房间变成一个大大的光影屋。"

教师:"可以啊,那要怎么办呢?"

点点:"可以用黑色卡纸把这扇有窗户的门遮起来,这样就全部黑了,没有光了。"

很多孩子都表示赞成,教师提示道:"可是你们知道隔壁房间是干什么的吗?是中班弟弟妹妹的餐厅。"

悠悠:"那好像不行哦,黑黑的不能吃饭。"

洋洋:"可以用一块大大的布把窗户遮起来,不用时还可以拉起来,像这个窗户一样。"洋洋指了指房间内的一扇窗户。

教师:"那找一块布就可以了吗?"

洋洋:"要跟这个门上的窗户一样的大小。"

孩子们画出了设计图,并运用尺子进行测量,确定光影屋的大小、尺寸,由于有一定高度,在布的剪裁上,教师受邀帮着一起完成了。接着,孩子们又遇到了如何固定的问题,教师和孩子们一起上网找了不留痕迹但牢固程度出众的一种胶水,用胶水固定连接处。在一次尝试后,孩子们发现一块普通的布达不到漆黑的效果,于是,教师又引导幼儿探索,发现了遮光布这一材料,再次尝试操作,最后光影屋改造完成!

他们在自己改造的光影屋内发现了更多有趣的影子造型,光影屋空间的扩大让影子游戏更具有探索性。

幼儿常常会有一些奇思妙想,在活动开始时,教师是观察者;在活动中,教师可以是合作者,共同探讨问题,一起查询资料、寻找材料,一起解决问题;在出现问题时,教师不急于提出意见,等待幼儿自己发现问题,再一次解决问题。

师幼互动首先是建立在观察的基础上的,我们需要参与到幼儿的活动中来。其次,和幼儿的互动,是在和他们同玩共乐的过程中共同接受挑战。在创造性艺术实践中,教师应充分接纳、鼓励幼儿多样化的自我表达与表现。

正如以上案例,教师通过鼓励引导,让幼儿自己想办法把房间变黑,又通过提示,让幼儿了解想要改造的门的另一个作用——中班的餐厅,需要光,促使幼儿调整材料。教师在一开始没有指出普通布不遮光这一特性,无论成功与否,重要的是让幼儿在发现问题后再一次进行尝试。

当幼儿在活动过程中遇到瓶颈或困难时,往往容易产生厌烦和畏难情绪。观察并发现幼儿无法继续推进游戏时,教师以同伴身份介入游戏往往是一种较好的选择,能够保证幼儿在游戏中的主体地位。通过明示或暗示的方式实践操作,让幼儿在潜移默化中寻找到困难的突破点,解决问题并推进游戏。

值得注意的是,教师的实践操作并不意味着打消幼儿自主探索的欲望,而要引发幼儿对材料、对方法等的新视角,启发幼儿自主学习、主动思考、解决问题。

三、展示分享:激发幼儿创新思维

作品展示与讨论分享是一种相互交流、相互比较、相互启发的学习过程。展示分享能够促进幼儿生成活动的形成,能够激发其创新游戏思维的产生,能够更好地丰富和改进材料,还能够增强幼儿的自信心。那么,展示分享有哪些形式呢?

(一) 独特感受,说出个人想法

在创意活动中,幼儿大多采用的是以个人为主的分享,这样他们能够在分享中说出自己的不同发现与看法。如幼儿在艺术创意活动中观察到不同的自然材料有各自不同的特征,并就这些发现进行了分享,例如,叶脉的走向,不同的花蕊,叶子的干与湿,以及他们自己独特的观察视角等,还会说说自己的作品中融合了哪些观察到的内容。他们的交流更易于让别的幼儿产生探索的欲望,同时在这一过程中还会萌发幼儿对大自然的热爱之情。

案 例

菊花朵朵,每一朵都不一样

美来源于生活,日常生活、自然界、艺术作品中蕴涵着各种美的事物和现象，引导幼儿去发现美，让幼儿拥有一双善于发现美的眼睛，是培养幼儿良好审美情操和审美能力的前提。对于小班幼儿审美教育来说，就是要帮助幼儿萌发对美的最初兴趣。有了兴趣，幼儿会对美的事物、现象等形成主动开放、积极接纳的心态，给人生一个好的开端。

幼儿对物质材料有着本能的好奇心和探索欲望。一团棉花、零碎的纸片、绳子、树叶、彩色的绒线等，生活中每件随手可捡的物品都会引起幼儿的摆弄兴趣。比起单一的绘画材料，幼儿更喜欢乐此不疲地将喜欢的材料"占为己有"，摆弄、操作它们。

菊花是秋天最具代表性的花朵，小朋友们来到涂鸦室，看到了五颜六色的彩泥，很是喜欢。玥玥昨天刚去森林公园看了菊花展，马上想到了用彩泥制作各种各样的菊花，一开始的自由制作阶段，孩子们有的用一个个圆团堆积起来拼成花朵的造型，有的把彩泥做成一片一片的花瓣组合起来制作花朵，其中一个孩子将彩泥搓成细长条，用线条描绘出一丝丝的菊花，效果更为逼真。于是，其他的孩子纷纷效仿。

黄之玥是个仔细的小姑娘，她把彩泥搓成细细的、一条一条的，然后用这些彩条在垫板上勾勒出一丝丝的花瓣，组成漂亮的花朵。我及时发现了她的用心，并拿起她的作品给大家欣赏，小朋友们直呼漂亮。我追问道："为什么你们觉得黄之玥的作品漂亮，和你们的作品有什么不同？"玲玲说："玥玥是用彩条拼起来的花，我觉得很漂亮，像画出来的一样。"我接着说："玥玥刚才很仔细地观察了菊花的图片，所以做出来的菊花就像真的一样，真棒！"看了同

彩泥制作

伴的作品,宸宸也得到了启发,开始把彩泥搓成条,做成花朵。不同的是,他是将彩条一圈一圈围绕并堆积上去的,做出的效果倒也带给大家惊喜感。伊伊说:"宸宸做的花蕊是凸出来的,我们都是平的,他和我们做的不一样。"我点头说道:"是呀,用彩条一圈一圈围绕着堆起来,就会产生立体的效果。"这么一说,孩子们纷纷效仿,不仅做出了立体的花蕊,立体的花瓣、叶子也出现了。

反思与分析:

孩子们在艺术活动中先是感受与欣赏,而后是表达与表现,在审美教育中感受与欣赏特别重要,欣赏不限于大师的作品,孩子们互相欣赏更能激发其对美的感受与表达。做花的方法有很多,每个孩子都有自己的想法与做法。当一个孩子做出了比较成功的作品时,老师及时发现并在集体中组织交流、学习。这既是对孩子作品的肯定,也是对其他孩子的启发。

每个孩子学习了新的做法后,他们的再现也是不一样的,都加入了自己的想法,比如宸宸的做法,就是自己的又一次创新,在此基础上,老师和同伴们也给予他鼓励和肯定,使他有一定的成就感,审美能力就会进一步提高。

涂鸦室活动打破了集体授课的形式,让幼儿通过自身的操作与物质环境相互作用,从而获得发展。涂鸦室活动为幼儿提供了更多的活动机会,幼儿不再受"自己与集体同步"的约束。他们自己选择活动材料,自己决定活动形式,自由选择同伴交流,在轻松愉快、积极自主的状态下尽情创作。

(二)共同游戏,交流小组经验

除了个人分享的形式,小组分享也是经常用到的一种展示分享方式。在艺术表演创意活动后,孩子们通过小组表演把刚刚的游戏进行重现,大家都来说说对自己扮演的角色、别人扮演的角色的看法和感受。在这个过程中,教师除了引导幼儿大胆表达表现外,还引导幼儿学会倾听、理解和接纳别人的想法,不断更新自己的想法和观念,如发现游戏过程中需要改进的地方和缺失的材料等。

案 例

瓶子乐园，创意玩法多

近期梅雨季节，很多活动只能在室内进行，角色游戏时间，孩子们不约而同地拿出了自己的瓶子开始玩游戏。

有的孩子围在一起，开了家保龄球馆；有的孩子往瓶子里塞彩色纸；有的孩子拿起了剪刀；还有的孩子问我要了绳子。

这时，我主要是一名观察者和材料支持者，我发现：

- 保龄球组

一开始他们把几个瓶子平铺着，拿了一个小球，每次小球可以撞倒一个瓶子。一段时间后，他们找来了几张蛋糕纸放在瓶子前面作为障碍物。过了一会儿，蛋糕纸不见了，一排的瓶子变成了两排，最后变成了有高低层次的三排。淇淇说："三角形这样摆的话，可以砸很多瓶子下来。"保龄球一组吸引了很多人，组内成员凯凯作为"老板"让他们一个个排队。"老板娘"淇淇还会跑出去叫卖："谁要来玩我们的保龄球啊？"最后，由于人实在太多，他们把保龄球馆移到了门口的地上。

- 瓶子躲避组

依依和她的小伙伴们准备玩一个钻瓶子的游戏，她们想把瓶子挂在绳子上，人从间隙中钻过，不能碰到绳子。依依先是找来了绳子，然后指挥着同伴去拿剪刀、封箱带，接着开始用封箱带固定绳子和瓶子，然后固定到一根更长的绳子上。我在过程中发现，其中有三名女生会用绳子打结，但还有一名男生和两名女生不会，最后都是依靠三名会用绳子打结的女生完成挂绳任务。

在寻找挂绳的地方时，依依寻求了我的帮助，问我可以挂在哪里，在我的建议下，依依来到了教室的一角。她把绳子的一头挂在了柜子上，可是绳子的另一头有点麻烦，没有地方可以挂，我建议可以用老师的椅子。依依接受了我的建议，试了一下，发现太矮了。她尝试把小椅子放在大椅子上，但是不稳，最后她干脆拿走大椅子，用小椅子一个个地叠起来，直到达到了她的高度。

第五章 幼儿园视觉艺术创意活动的实施策略

瓶子绑上去了,孩子们开始试着玩。可是,问题很快出现了,瓶子一碰就倒,原来封箱带不牢固,他们尝试修复了几次还是掉。于是,依依来找我,"老师,我们需要你的热胶枪。"由于热胶枪比较烫,有一定的危险性,我帮助她们进行了固定。

几个孩子在瓶子下钻来钻去,不一会儿,钦钦提出:"我们的瓶子不好看,没有颜色,我们用笔在上面画画吧,就像我们做操的瓶子一样。"于是,几个孩子开始撕掉瓶子外面的包装,直接在上面画画。

看着他们如火如荼地玩游戏,我默默地把游戏时间延长,等待他们。

当所有孩子都完成后,我发现没有老师的引导,孩子们也自觉地清理了地上的垃圾。随后,我们进行了分享,并介绍了这个游戏。

甜甜:"我们今天玩了那个钻碰瓶子的游戏,很好玩,我很开心。"

霖霖:"我很开心和好朋友一起玩,可以买东西,还可以玩刘依依那边的躲避游戏,还可以玩淇淇他们推销的保龄球游戏。"

尧尧:"我一开始有点不开心,因为我的东西没有卖出去,但是后来和淇淇交换了,她还跟我说'谢谢',我很开心。"

凯凯:"我们的保龄球店很火,我很开心。"

安宁:"我和辰辰玩滚筒游戏,滚来滚去,还有很多人来玩。"

"我们的教室好像游乐场啊!"轩轩突然开口说。

不如给我们的教室取个名字?

孩子们纷纷脑洞大开:瓶子乐园、瓶子游乐场、密云集市、瓶子集市、瓶子大街、密云玩具大街、瓶子欢乐馆、瓶子展览馆、瓶子博物馆……

孩子们迁移了生活经验,把自己去过的地方都用在了我们的取名上。

游戏的独特价值就在于让幼儿玩中学、做中学,这样才能学得有趣、有效、有用。孩子们通过尝试不断调整材料的摆放、迁移生活经验、制定规则,非常有创意地完成了自己的游戏。虽然过程中有过失败、挫折,但是通过不断调整,在同伴的参与及与同伴的交流中,获得了满足,感受到了成功的喜悦。

(三) 对比发现，分享探索心得

如果在活动初始，幼儿对于活动的畅想就不一样，那么我们不妨让幼儿分成两组或多组，按照自己的想法进行，最后把每一组的方法进行对比分享。如光影游戏中，幼儿都想要在墙上造出彩虹城堡，但在前期制定活动计划的时候，幼儿所使用到的工具是不同的，所以教师可以将幼儿分成几组进行活动，并在活动后通过交流讨论，让其他幼儿进行分析对比，更好地促进幼儿创意活动的开展，推动幼儿探究能力的发展。

案 例

互动大发现

这段时间，我们班级在绘本工坊里有一个大发现。互动屏幕的玩法有了突破性发展。从原来的根据四个不同的主题内容——海洋生物、冬日圣诞小屋、恐龙世界、宇宙探险，打开绘本模板后选择需要的图案、图形进行上色或者简单涂鸦，发射弹幕，到逐渐发现隐藏功能——拍摸屏幕会引发互动，到最近的突破发现——寻找到了隐藏菜单，调取空白页面后可以完全自由创作，而且署名后可发射弹幕互动。这个过程让所有幼儿都津津乐道，充满成就感。

真可谓一波三折无心插柳。张源和顾岩诚发现在使用互动屏幕的时候，多人共同绘制的情况下，非常容易卡顿。这个问题困扰我们多次，在求助了工程师后，得到了回复，多人同时使用的过程中，程序会同时接到过多的指令，导致因无法读取几乎同时发出的各种不同指令而"罢工"。这个成因在张源和顾岩诚数次实验——卡顿——重试的循环中被证实。为此，大家提出了相应的规则，怎么让程序不因为操作频繁而"死机"。就在大家找到原因互相提出规则制约多人同时发出指令时，王昱宸无意中点了设置中的"更多"，并跳出了一个问题：是否需要调取空白页面？一开始大家吓了一跳，以为机器彻底坏了，有认字的同伴立刻大声读了出来，一边读一边思索这句话的意思，随后大家恍然大悟，大叫"新发现"！

于是，全新的互动开始了！孩子们纷纷涌过来谈论画什么？怎么画？谁来画？首先，画的主题大家一致决定是最近航天展（"每日新闻"播报中大家了解到了最新的中国航天展)中的 20 系列飞机。怎么画？大家决定用勾线和涂色的方式。议论最多的肯定是"谁来画"，经过讨论立刻达成共识，一人三笔，共同完成。随后，八人小组人人有序等待，最后把他们共同绘制的 20 运输机成功地送上了天空。

运输机升空

在这个活动中，我们充分体验到了游戏规则带给幼儿的便利与乐趣。从发现卡顿开始，就是幼儿对规则的一种梳理与反思。为什么会出问题，如何解决问题，有了新的体验后如何避免继续出现问题？我们可以看到，在这个过程中，规则游戏具有激发幼儿积极情感、愉悦身心，增强幼儿规则意识及心理承受能力，发展幼儿专项能力，培养幼儿良好的学习品质等作用。

规则游戏具有规则性和竞争性。大班幼儿重视游戏规则，会在游戏规则的制定上花很多时间；他们会就游戏的规则进行协商、谈判，并且改变游戏规则以增加游戏的新颖性和挑战性。

因此，老师应基于幼儿的前期经验、幼儿的兴趣和幼儿的发展，开展规则游戏，并在每次游戏后进行师幼小结。有效支持幼儿对游戏过程进行回顾、梳理和总结、反思，激发幼儿进一步探索的欲望。引导幼儿发现问题、思考问题、解决问题，向更高的游戏水平发展。

四、节日浓趣：浓郁艺术创作氛围

节日、仪式、纪念日是集中给予幼儿艺术享受和艺术表现的重要资源。教师应充分利用节日、节气以及幼儿园开展的各种仪式活动,为幼儿设计一些艺术活动,为幼儿理解这些特殊日子、特殊场合、特殊情境创造机会,让幼儿切实体会艺术的价值。

(一) 小小艺术家,传统有新意

在寻找适合幼儿的中华民族优秀传统文化艺术教育的途径时,应着眼长远的育人目标,立足幼儿当下的发展特点,力图从幼儿可以亲身体验的、具体生动的方面切入实践,明确开展幼儿实践探索的几个指向,强调创设丰富的条件和环境,让幼儿多感官参与,输入(感受、体验、品鉴、欣赏等)和输出(表达、表现、模仿、创作等)并重。

幼儿通过亲身参与,体验中华民族优秀传统文化所承载的文化基因,激发对祖国文化的热爱和向往,习得中华民族精神的内涵,从小具有"我是中国人"的认同感,为自己是中华民族的一员而骄傲;通过幼儿园的活动会自然而然地用语言和行为表现出对祖国文化的喜爱、理解和向往。

案 例

迎新"创美",品食"寻味"

系列活动一:喜气中国"兔"

- 画"中国画"——水墨画、生肖兔年
- 扬"中国扇"——装饰扇子
- 写"中国字"——兔年福字或对联
- 金兔送福——兔子窗花、小兔送福、金兔呈祥

金兔送福

系列活动二：巧手中国"甜"
- 邀请非遗物质文化手艺人进行现场展示活动。（吹糖画、面塑、做糖画、做棉花糖、画葫芦等）
- 各年级组开展制作"中国美食"的活动。

系列活动三：浓浓中国"味"
- 邀请部分及家委会成员共同参与"中华小小艺术家"迎新系列活动之品食活动。
- 大班设计采访问题，评选小记者和记录员。
- 中班结合"中国味新年聚餐"的内容，设计餐牌。
- 结合"中国美食"自助餐活动，"小记者"采访中班幼儿、家长和营养员，了解他们对"中国美食"的感受。

中国味

幼儿是中华民族的未来，教师应引导幼儿从小亲近中华民族优秀传统文化艺术，提供足够的机会让其接触相关的创作工具和材料，设法满足其对中华民族优秀传统文化艺术的好奇心和主动创造的愿望。这是幼儿作为自然的、平等的人所拥有的参与社会和家庭生活、参与艺术表达的权利。

艺术如同语言，各种各样的艺术创作对于孩子们而言就如同一种表达方式，孩子们用自己的方式表达着对中华民族传统文化的认知与对"年"的理解，把自己的感受、愿望幻化成一件件精美的作品包裹在这红彤彤的氛围中。迎新民俗系列活动中的密云娃们，在传统文化体验中传承，在创新中感受未来，也期待孩子们日后创造出更多的精彩。

(二) 小小里程碑，成长向未来

幼儿园毕业典礼既有学校毕业典礼的涵义，也有它独特的意思——幼儿园教育的完成不在于某一类具体知识内容的完成，而是在于一生学习习惯、学习品质的养成。因此，幼儿园毕业典礼的意义之一在于告诉孩子们，"你们有能力去学习更多知识、能力，可以去探索、获取更多人类文明积累的智慧，你们在幼儿园里玩的游戏，从中获得的专注力、想象力会帮助你们越过那些看似枯燥的知识而走向探索、实验、创造。"以毕业典礼为契机，让幼儿得到自我展示的机会。

案 例

留"夏"美好，梦想起航向未来

童年的时光总是美好而又温暖，孩子们的成长伴随着无数惊喜与喜悦。幼儿园的童趣生活，始于金秋，终于盛夏。回忆中，小小的身影、可爱的脸庞、稚嫩的话语仿佛还在耳畔……转眼间时光流逝，宝贝们即将离开熟悉的幼儿园、老师与同伴，带着对小学生活的期待与向往，奔赴人生下一段的旅程。

大班孩子对自己的毕业典礼充满着好奇和期待，在毕业典礼前激动地向老师、伙伴分享了自己心目中的毕业典礼是怎样的。他们跟随内心的想法与老师、同伴一起布置了活动现场，设计了毕业典礼的签到台、气球装饰、横幅、花束……随后，穿着班服热情、真诚地邀请自己的爸爸妈妈来到美丽的密云路幼儿园，一起参与这场属于自己的典礼。

作为孩子们成长的参与者、支持者、陪伴者，家长们见证了他们成长中的

第五章 幼儿园视觉艺术创意活动的实施策略

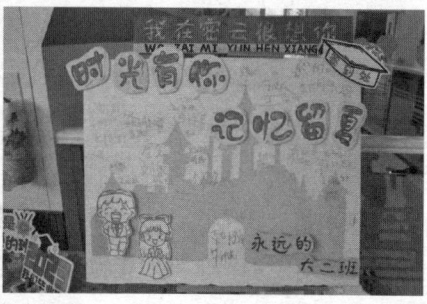

毕业盛典

点滴。爸爸、妈妈与宝贝携手走过长长的红毯,留下彼此的足迹。而后,孩子们和家长在精心布置的班级签到台前签到,并用相机定格下美好的笑容和精彩的瞬间。在这里,家长们和老师即将共同见证孩子们的点滴成长!

大班毕业典礼是一年中最重要的时刻之一。这个时刻意味着孩子们已经完成了他们幼儿园阶段的学习生涯,即将步入小学生活,这对每个孩子来说都是非常特殊的。因此,这次毕业活动也是非常有意义的,会给孩子留下深刻的印象。

一方面,我们需要承认每个孩子都是独特的,需要个性化对待。在毕业典礼上,我们需要确保每个孩子都有机会表现自己,而且不应该只是为了完成整个演出而设立场景。我们应该以每个孩子为中心,确保每个孩子都能够展示自己的个性和才能,这样才能让他们感受到被尊重、被认可。

另一方面,我们需要思考这个时刻背后的意义和目的。毕业典礼应该不仅仅是一场演出,而是对孩子们学习和成长的认可和庆祝。我们需要确保孩子们在整个学年中都获得了足够的学习和成长机会,在整个幼儿园学习生涯中都感受到了成长和进步,在这个特殊的时刻,自信地展示他们所积累的素养。

在离别之际,大班的孩子们有很多心里话想要与家人、老师、朋友诉说,还有一些心愿想要完成。在庆祝活动中,我们不仅要讲究表面的形式和仪式,着眼孩子在其中的艺术表现,更是基于此关注孩子的情感需求,例如,鼓励孩子们互相鼓励,关注感恩教育,让孩子们在庆祝活动中感受到温暖、关爱和支持。让孩子们在最美好的年岁,用最

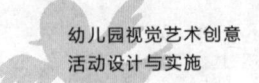

喜欢的方式,汇聚爱、希望、感恩与祝福,留"夏"他们在密云的童真美好与珍贵记忆。

五、时间融入:有机结合一日活动

  时间融入是指教师糅活一日活动四大板块与视觉艺术创意活动的活动安排,支持幼儿在一日活动中主动学习。在视觉艺术创意活动中,当幼儿熟悉某一个材料或者某个内容后,再进行集体活动,也可以在创意活动中延续学习活动的内容,将其拓展为自主游戏。各类活动互动体验,打破传统互动模式,为幼儿提供多形式、多途径的互动体验。

(一) 与运动融合,拓展思维模式

  "互动屏幕"中幼儿将自己的作品"恐龙"投放在大屏幕上,在游戏过程中发现当用手拍打"恐龙"时,"恐龙"会生气、逃走等。为此,他们在进行室内运动的时候,将这个"互动屏幕"中的内容结合在一起。如此,既有幼儿创作的作品,又能把跳、投掷等基本的动作技能有机地结合起来。

(二) 与学习融合,延伸活动兴趣

  在美术活动"唐装盛宴"中,当幼儿长卷画学习活动结束时,幼儿还没有尽兴,他们对于唐装上的中国元素的花纹有了进一步探究的浓厚兴趣。为此,教师将此类高结构的学习活动放到活动室继续开展,作为一个活动的延伸。

  个别化学习活动材料"皮影戏"的操作空间有限,本研究将其拓展到视觉艺术创意坊——光影工坊。一踏入这个房间,就像来到了一个"暗房"中,孩子们拿起手电筒,探索着光影的奥秘。孩子们根据自己的已有经验进行迁移,将教室中的活动内容、材料等移到了光影工坊中进行游戏,并大胆地提出了自己的想法后努力进行验证。

案 例

圆圈派对

  飞飞和逸逸发现了圆圈转盘,两人各自摆弄一个圆圈转盘,使转盘飞快

地转动起来。飞飞说:"看,我比你转得快!"逸逸不服气地快速转动转盘,并说道:"我可以比你更快!"飞飞说:"你看,转的时候,花纹不一样了!"逸逸凑过来看了看说:"点点变成了圆圈圈和烟花,我也来试试看!"老师拿过一桶水彩笔,对孩子们说:"这桶笔给你们用,希望你们能发明出新玩法!"

飞飞拿起一支笔,说:"我也来画圆圈。"他画了几笔,觉得不太好画,也画得不太圆。这时候,逸逸不小心触碰到了转盘的手柄,转盘轻轻转了半圈,飞飞意外发现笔会自动画出线条了,而且很像圆形的一部分。于是,飞飞和逸逸一边讨论着这一发现,一边尝试着继续将圆画完整。当逸逸慢慢转动转盘时,飞飞只要手执画笔保持垂直,画纸上就出现了一个圆形。飞飞和逸逸高兴地大叫起来。我问他们:"是不是有什么新发现?要和同伴们分享吗?"飞飞召集了几个好朋友过来看他们的新发现,并说道:"我发明了一种自动画圆圈的方法。你们看着,只需要两个人好好地合作,就能成功。一个人负责转圆盘,一个人负责拿着笔不动,就能画出很多圆形来!"朋友们都被吸引了过来,跃跃欲试。

在之后的小组合作探索中,孩子们又发明了同时执两支笔、三支笔、四支笔的升级操作,画出了许多圆形,色彩丰富、热闹非凡。飞飞得意地说:"今天我们的圆圈要开一个派对。"逸逸说:"把我们的作品放在一起,就像康定斯基的同心圆。"朋友们点头表示同意。

转盘画

感受力之艺术欣赏,幼儿能够说出自己喜欢的某个艺术特征(彩色的圆形线条像烟花等)。感受力之观察发现,幼儿在操作中关注到材料或工具营造出的效果。飞飞和逸逸在玩转盘时,发现了能够自动画出圆形的方法,并喜爱这种彩色圆形的画面效果。

互动力之动手体验,幼儿创造出一个简单的、有一些细节的成品。飞飞、逸逸以及他们的好朋友,创造出了参加圆形派对的各种彩色圆形。互动力之合作交往,乐于收集美的物品或向别人介绍所发现的美的事物,能主动发起活动或在活动中出主意、想办法。

表现力之多元表达,幼儿无目的地创造一个形象,然后认为它能代表某物。飞飞和逸逸都想到了自己创作的圆很像康定斯基的同心圆作品,将自己无目的创造的形象,与艺术大师的著名作品联想到了一起,十分有联想力,也很有自信。表现力之自尊自信,能根据自己的兴趣选择活动,愿意承担一些小任务。

与学习活动融合,教师重视幼儿通过绘画、讲述等方式对自己经历过的游戏进行表达表征,并一对一倾听、真实记录幼儿的想法和体验。发现幼儿在游戏中偶发的教育契机,抓住幼儿感兴趣的材料和内容,能识别幼儿正在以新的方式主动学习,及时给予有效支持(例如,提供了水彩笔,并设置了小任务,促进幼儿动脑筋,敢于探索)。

(三) 与游戏融合,增强感受表现

郑东明提出,游戏对幼儿来说也是美育的一大重要途径,在他看来,游戏能反映生活中美的事物。[①] 王诗卉和李秀玲同样也强调游戏在幼儿美育中的意义,并且将游戏作为幼儿美育开展的主要途径来进行研究,分别探讨了在幼儿园和家庭中的具体的游戏实施方法。[②]

在音乐游戏"跳舞小人"中,幼儿把这个游戏自然而然地融入到了视觉艺术创意活动中,利用互动屏幕投射跳舞小人,让同伴跟随音乐节奏进行模仿,把音乐游戏也融入到了创意活动中。

---

① 郑东明.幼儿美育的途径和形式[J].当代教育科学.2003(13):47.
② 王诗卉,李秀玲.幼儿游戏中的传统审美教育[J].黑龙江史志,2013(15):231,233.

案 例

跳舞的小人

来园游戏时,我们班级来到了绘本工坊和光影工坊进行活动,孩子们很喜欢这两个活动工坊,尤其是互动屏幕,每次都有很多孩子主动选择互动屏幕进行游戏。最近,在我们班级的个别化游戏时间里,孩子们正在玩跳舞小人的游戏,即利用简单的线条绘制自己的跳舞小人。

陈芊颖来到绘本工坊直接就选择了用互动屏幕玩游戏。只见她点开了自由画的版面,开始涂鸦。一开始她在画宇宙飞船、外星人等等。后来,她的好朋友杨余祎也来了,她看到陈芊颖在涂鸦,就说:"我们来画跳舞小人吧!昨天我画了一个跳舞小人,老师还夸我了呢!我画给你看!"杨余祎来到另一端开始画跳舞小人,然后投屏到了大屏幕上,陈芊颖也跟着她一起画。不一会儿,大屏幕上出现了许多跳舞小人。陈宇峰看到了,开始学着跳舞小人的动作做了起来,还找来了几个好朋友:"你们看,她们画的跳舞小人好好玩!"几个孩子在陈宇峰的带动下也开始模仿跳舞小人的动作。杨余祎和陈芊颖看到了之后,画得更起劲了,她们对陈宇峰说:"我画了一个更厉害的,你会不会做呀?"就这样一来一往,孩子们画的跳舞小人的动作越来越丰富,也有更多的小朋友参与到了模仿跳舞小人的游戏中来。

互动屏涂鸦

可以看出,杨余祎和陈芊颖把教室里个别化学习的经验迁移到了互动屏幕的游戏中,即在电子屏幕上画跳舞小人。而且她们喜欢用涂鸦的方式表现自己观察到的事物和想象,把生活中的动作变成跳舞小人。而陈宇峰在大屏幕前欣赏同伴的艺术作品时自然而然地做出了反应,模仿起跳舞小人的动作,对于自己喜欢的作品产生了模仿和参与的愿望。他们在游戏中也借由游戏的形式开始了社会交往,喜欢和同伴共同游戏。老师没有阻止孩子们对于新游戏的探索,而是给予了充分的自由,让孩子们在互动的过程中自己探寻出新的游戏方式。

针对新的游戏方式,老师可以提供一些节奏感强的音乐,用音乐的节奏给予幼儿暗示,让幼儿自然而然地在音乐节拍中模仿跳舞小人,形成新的游戏规则,推进游戏的深入。老师也可以加入幼儿游戏,作为游戏同伴引导幼儿跟随音乐模仿跳舞小人等等。

(四)与生活融合,创编班级故事

光影绘本坊是孩子们很喜欢去玩的地方,他们既能自主、积极地在里面摆弄和操作材料,也很乐意在操作过程中进行思考。此外,光影绘本坊里不仅可以欣赏绘本,还能自己制作绘本,孩子们常常会自己绘画、游戏、表演、表达。

孩子们自创的故事内容是自己在生活中所经历的内容,小小的故事里,不仅体现了孩子们热爱绘画、爱表达的品质,更体现出他们丰富的生活情感,而作为观众的孩子们,也很积极地对作品发表看法,互动力、表达表现力都有很大提升。

案 例

皮影戏剧场

在皮影戏剧场表演时,孩子们尝试在白色幕布后面,一边用灯光打出光影,一边操纵皮影进行表演。随即,他们开始研究"炮筒",利用灯光照射插片投影到幕布上,一起观察并创编故事。他们互相配合,一个放插片,一个讲述故事,每次讲完需将原插片取出。

乐乐发现,她将第一幅有大树和太阳的场景画留在筒中,再放入一张有小小人物的插片时,会有神奇的事发生,那个小小人正好站在了大树下。于是,大家像发现了新世界,开始了这样叠加的放映方式。但当第三幅画面加入时,整个画面会变得有些模糊不清。桐桐说:"可是我还有很多故事没讲完呢。"他们一起调整"炮筒"的距离、方向,甚至把门都关起来,只为了让房间变得更暗,画面变得更清晰。可是效果并不明显,"炮筒"可成像的范围比较小,孩子们很难画在合适的位置并显现。

澄澄说:"我有个办法,我们可以像绘本那样画四个画面,把一片画板分成四块,这样就能把整个故事画出来了。"大家听到这个建议,眼前一亮,原本满面愁容的他们,瞬间露出灿烂的笑容,争先恐后地拿起笔,画下自己心中的故事。

桐桐和澄澄在小心地商量着画什么内容,澄澄说:"我们想好再画,如果画错了,板上会留下脏脏的痕迹,到时候投影出来就不好看了。"这时,敏菲和我聊起了天,她说:"许老师,我们的小乌龟什么时候能出来啊?我好期待哦。""小乌龟虽然还没出壳,但它每天在蛋壳里面玩,也能听到我们说话的声音哦。"周围的孩子们听到后都来了兴趣,这时,桐桐说:"我们来画画小乌龟吧。""好呀好呀。"大家纷纷同意。

她们画下小乌龟破壳后的趣事,将自己对乌龟破壳的期待绘画进故事中。待到插片放进"炮筒",大家都围了过来,因为这是我们养了将近两个月的小乌龟的故事,大家都很感兴趣。桐桐和澄澄看着我,等待我上前和大家分享她们的成果,我说:"今天就由你们俩做小主持,自己和大家分享吧。"她们互相看了眼,害羞地笑着,看我没有要上前的意思,她们很快和大家互动了起来。澄澄提问:"你们知道这是关于谁的故事吗?从图片中你们看到发生了什么事?"大家都踊跃地举手发言,澄澄有模有样地当起了主持人,说:"大家不要着急,举手发言,每个人都有发言的机会。"这样的互动无疑是大家都很喜欢的,孩子们你一句我一句地说着。待大家都回答过一遍后,桐桐说:"接下来,大家听听我们的故事。乌龟蛋蛋在壳里晒着太阳,暖洋洋的。它想到外面的世界看一看,于是它四脚一蹬,'咔嚓'一声,蛋壳裂开了,蛋蛋爬了出来。它很喜欢外面美丽的世界,有花、有草、有树,但是一个人玩太没意思了,它找到了小兔做朋友。它们一起做游戏,一起赛跑,还一起去公园野餐,边吃边玩,真开心啊!"故事说完,大家一起拍手称赞,桐桐和澄澄的心里别提有多高兴。

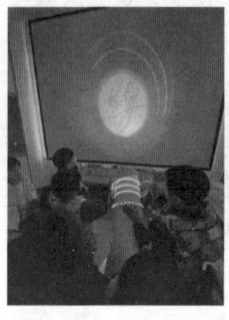

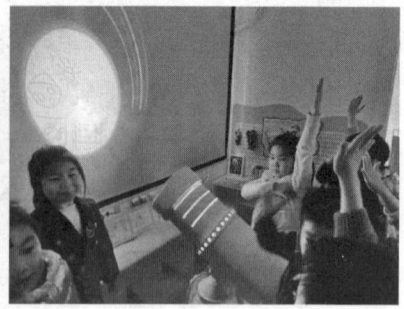

放映筒的故事

在几次操作后,孩子们有了一些经验和思考,他们发现卡片叠加的方式虽然很新鲜有趣,也很有挑战性,但是呈现的效果并不是他们满意的。清晰的成像对孩子们而言更有欣赏性,他们对于画面效果、质感有一定的要求,对美感也有了初步的感知。

他们一直很期待小乌龟快快出壳,用画笔绘下一幅幅有趣又可爱的画面,并且很注重绘画过程,希望大家都想好再落笔,避免弄脏画板,注重画面感和效果呈现,能用自己的双手有目的地将自己观察到的现象画下,并进行创编。

故事虽然简短,却是孩子们内心独白和真实想法。源于生活的素材是孩子们特别感兴趣的,吸引了大部分孩子前来欣赏,这让两位小主人公也感受到被认可和肯定的快乐。在互动过程中,孩子们的思考力都有所提高,在已有的游戏经验基础上不断提出疑问和思考,能和同伴共同就眼前的问题进行有针对性的探讨。

六、游戏表演:艺术创意活跃起来

游戏表演是将游戏中的故事情节和角色形象通过表演的方式呈现出来。在游戏表演中,表演者需要通过化妆、服装、道具等视觉艺术手段来塑造角色形象,通过场景、灯光、音效等来营造游戏氛围,从而使观众更好地理解游戏故事和角色情感。在幼儿园里,表演游戏是深受孩子们喜欢的游戏之一,表演游戏对幼儿有着多方面的作用,包括激发对作品的兴趣、发展想象力和创造性思维、提高语言和表演才能、培养良好的个性以及受到美的熏陶等。幼儿在表演角色、使用道具、场景等方面需要进行再创造,视觉艺术创意活动由此发生。

(一) 到户外去,真实场景更好玩

表演场地往往直接影响游戏表演的效果和幼儿的参与度,好的表演场地能让幼儿更好地融入游戏表演的情境中,增强他们的表演力和创造力。因此,表演场地需要提供足够的空间,让幼儿能够在自由、舒适的环境中进行表演,避免过于拥挤和紧张的情况。可以鼓励幼儿选择在户外进行表演,如操场、大型运动器具、小花园、沙池等等,只要幼儿有充分的理由,我们都应该尊重他们的选择。

案 例

走出教室,有了新灵感

在幼儿园中,教师常常会分享一些优秀的绘本故事,在教室的一角,一本本有趣的绘本是孩子们表演的源泉,是视觉艺术创意活动的最佳选题。绘本故事中含有丰富的视觉和语言元素,如画面、插图、故事情节等,可以刺激幼儿的感官,激发他们的艺术创意。

在幼儿阅读绘本时,我们可以观察幼儿的表情、阅读时长、与幼儿一起交流故事内容,鼓励幼儿把自己看到的、喜欢的故事在集体面前进行分享,当更多的幼儿有共鸣时,幼儿的兴趣点形成,游戏表演自然而然产生。

在一次自由活动时,晶晶看了一本绘本《1只小猪和100只狼》,她边看边笑,时不时地还会紧皱眉头,或者笑出声音来。于是,我请她在集体面前分享自己看到的故事,孩子们听得津津有味,而且讲到有趣的地方时还会跟着笑;讲到害怕的地方时,脸上也会露出惊吓的表情。最让我吃惊的是班级里的豆豆,"老师,我们下午的角色表演就表演这个故事吧。"我欣然同意。

孩子们开始分组商量,怎么来区分狼和猪呢?要做头饰,这也是孩子们在以前的表演中获得的经验,他们开始根据自己表演的角色来决定做什么头

饰,但是又出现了新难题,猪和狼都画不来该怎么办呀?辰辰说:"我们让菲菲和兮兮帮忙吧!看看她们会画吗?因为她们平时画得很好的。"就这样,辰辰和豆豆找来了一张白纸,拿着绘本想给菲菲和兮兮,结果没想到一个转身,纸被刮破了。辰辰看了看我,我提示道:"你可以再去找一张厚一点的纸哦。"在一番比较后,辰辰和豆豆找来了白色的卡纸,他很有礼貌地请菲菲帮忙画。在制作头饰的过程中,她们不仅看着绘本里的样子画出了狼的头饰,而且还在制作头环的时候,通过一次次尝试,知道了这个头环的宽度、长度是要根据两个男孩子的头围来做的。制作完成后,辰辰和豆豆特别开心,戴上头饰呼喊着:"我们终于可以表演啦!"

在下午表演时,故事中有狼把小猪逼到树前面的内容。因此,辰辰和豆豆选择在有树的场地上进行表演。在分享的时候,孩子们表示如果有树的地方被其他小组用掉了,也可以把树替换掉,可以把小猪逼到墙边、逼到滑梯处等,他们根据户外实际场景改编了故事中的情节。

户外表演

(二)故事剧场,幼儿园是大舞台

在游戏表演中要给幼儿赋权,尊重幼儿的自主权。

首先,给予幼儿选择和决定的权利:在游戏表演中,可以让幼儿自己选择角色、分配道具、编排动作和台词等,让他们有参与感和自主感。

其次,鼓励幼儿自由表达和创造:在游戏表演中,鼓励幼儿根据自己的理解和想象,添加自己的动作、表情和语言等,让他们可以自由表达和创造,发挥他们的艺术创意。

再次,尊重幼儿的个性和差异:在游戏表演中,尊重幼儿的个性和差异,让每个幼儿都能够发挥自己的优势和特长。

同时,鼓励幼儿相互学习和交流:在游戏表演中,鼓励幼儿相互学习和交流,让幼儿从同伴的表演中获得启发和进步,同时也可以增强他们的合作精神和团队意识。

最后,评价和反馈:在游戏表演结束后,对幼儿的表演进行评价和反馈,让幼儿感受到自己的表演被认可和肯定,同时也可以让他们从评价和反馈中获得进步和提高。

案 例

红色故事,有了新版本

影视作品中含有丰富的视觉和听觉元素,如画面、音乐、对话等,可以刺激幼儿的感官,激发他们的艺术创意。

十一国庆节前夕,我们组织了一次沉浸式的观影活动。孩子们被黑白画面的电影《鸡毛信》所吸引,被跌宕起伏的故事情节和鲜明的人物形象所吸引,他们时而紧张,时而鼓掌,目不转睛地盯着荧幕,不肯放过任何一幅画面,全身心投入到影片中……

观影结束,浩浩站起来,学着绘本里的将军,大摇大摆地来回走,小朋友们都哄堂大笑起来。接着,又有小朋友开始模仿八路军、日本兵、海娃……大家七嘴八舌地开始讨论起来。

涵涵:"日本兵太有意思了,虽然是坏人,但好像有点搞笑。"

昕昕:"海娃和我们一样是个孩子,但是他真的很勇敢。"

乐乐:"这么多羊不会跑掉吗?海娃真厉害。"

瑞瑞:"鸡毛信放羊屁股的后面,万一羊跑了怎么办?"

看到孩子们对《鸡毛信》的故事内容尤为感兴趣,并已开始进行自发性的游戏扮演时,我想,何不追随孩子们的脚步,一起经历一场关于绘本剧的趣味之旅呢?

故事剧场

自制剧本

红色故事表演

户外表演化妆室

游戏前,我鼓励幼儿分小组讨论,围绕"红色故事表演"游戏的主题,通过"在哪里表演?表演什么?怎么表演?有哪些角色?需要哪些表演材料?"等问题来启发幼儿思考,幼儿将自己的想法用简单的图画、文字符号记录下来,并进行小组间的讨论、交流。在讨论过程中,幼儿集思广益,提出幼儿园里的小山坡、滑梯、假山都可以作为表演场地,还对场景布置、游戏材料、角色岗位、表演内容等进行了思考。

游戏时,孩子们从一开始的只是表演,到后来提出需要服装和道具,最后还想到了化妆。

大班幼儿的语言表达能力、交流讨论能力、符号表征能力、执行能力都相对较强,对游戏的开展有自己独特的想法和见解。在讨论的过程中,教师以"观察者""倾听者"的身份,了解幼儿的想法,并适时与幼儿互动,真正体现了游戏中"幼儿在前、教师在后"的理念。

思维导图是一种图解工具,可以直观形象地展现思维的过程和结果。在故事表演的前期准备工作中,启发幼儿运用"思维导图"进行发散性思维的表达,共同构想"红色故事表演游戏"的玩法,为表演游戏的开展做好准备。

梳理思维网络图,有助于幼儿有目的、有计划地参与到游戏中。在讨论过程中,幼儿集思广益,提出幼儿园里的小山坡、滑梯、假山都可以作为表演场地,还有包含场景布置、游戏材料、角色岗位、表演内容等的思考。思维导图的运用不仅能提高幼儿游戏的计划性,而且能帮助幼儿合作分工,做好前期的游戏准备工作,使幼儿真正参与到游戏中来,成为游戏的主人。

作为游戏的观察者,教师要观察幼儿的游戏行为,及时了解幼儿的游戏动机和需要,适时介入和回应。在表演游戏《鸡毛信》的生成过程中,需要教师捕捉幼儿游戏中的教育价值,及时组织幼儿进行交流讨论,不仅提高了幼儿自主解决问题的能力,同时也推进了游戏的发展。

作为游戏的"支持者",教师应把握时机,适时、适当给予支持和帮助。例如,过程中,发现问题、分析问题、解决问题,体验成功的乐趣。故事表演的过程给予了幼儿深度学习的机会,对幼儿的发展有着积极的作用,使幼儿在游戏中学习、在游戏中发展,诠释了教师作为"游戏进程中的支持者"的理念。

七、现场研学:助推幼儿艺术创意

艺术无处不在,除了教室之外,还有很多地方可以进行艺术教育,让幼儿更好地感受和理解艺术。学龄前儿童的特点是喜欢通过亲身体验、动手操作和实践来学习。因此,我们更应该让幼儿进行现场研学,参与到实际环境或场景中,亲身体验参与艺术创作,使幼儿能够更好地感知艺术的魅力,培养对艺术的兴趣和欣赏能力。同时,让孩子们亲自动手操作,提高他们的实际操作能力和动手能力。

现场研学提供了丰富的创作素材和灵感,鼓励幼儿发挥想象力和创造力进行艺术创作。此外,现场研学还为幼儿提供了交流和合作的机会,让他们学会与他人分享和协作。

(一) 行走场馆,小眼睛看大世界

美术馆是幼儿艺术创意活动现场研学的一个非常有意义的选择。通过参观各种

画作和雕塑，幼儿可以接触到不同风格和技巧的艺术作品，同时可以提高他们的审美能力和观察能力。在美术馆，幼儿可以了解到艺术的多样性和包容性，从而帮助他们更好地理解自己和周围的世界。

博物馆是一个融合了历史、文化、科学和艺术的场所。通过参观博物馆里的各种展览，幼儿可以学习到各种主题的知识，例如，自然历史、科学、艺术和历史文化等。博物馆还可以为幼儿提供深入了解各种展品和文物的机会，激发他们的好奇心和求知欲。

案 例

我眼中的美术馆

每个学期，我们都会通过微信平台为家长推送一些展览馆。根据幼儿的年龄特点，每个班级还会通过"孩子通"平台有针对性地选择一些符合自己班级孩子的展览，引导家长根据孩子的兴趣进行参观。

我眼中的美术馆

在"孩子通"中，我们会告诉家长怎么引导孩子参观美术展。另外，在我们的幼儿园，我们家园协同，共生共创了"美美家园　美美与共"的家园小手册，其中也会推荐一些孩子可以在美术馆中做的事。

参观结束后，我们会通过墙面展示、视频回放等形式引导幼儿回忆自己参观的内容和感想，同时引导幼儿进行大胆创作。

在学期中，我们用主题墙收集和展示幼儿参观美术展的图片，"我眼中的美术馆"就是我们其中一期的主题，孩子们通过参观，看一看、说一说自己眼中的美术展。

寻美之旅

（二）亲临现场，所听所闻大不同

音乐厅是一个能够为幼儿提供丰富音乐体验的场所。通过参加音乐会或音乐表演，幼儿可以感受到音乐的魅力和感染力，同时可以提高他们的音乐欣赏能力和表现能力。在音乐厅，幼儿可以学习到音乐的节奏、旋律和和声等内容，并且可以亲自尝试演奏乐器或唱歌。

剧场是一个能够为幼儿提供丰富舞台表演体验的场所。通过观看戏剧、音乐剧或话剧等表演，幼儿可以感受到表演技巧和舞台艺术，同时可以深入了解各种故事和人物。在剧场，幼儿可以亲身感到表演的魅力和感染力，并且可以尝试参与舞台表演和道具制作等活动。

（三）参观工坊，与艺术家面对面

艺术工坊是一个能够为幼儿提供亲身体验艺术制作过程的场所。在这里，幼儿可以学习到各种艺术制作技巧和流程，例如，制作雕塑、版画、编织、陶艺、木工等。在艺术工坊，幼儿可以亲手尝试各种艺术制作过程，发挥自己的创造力和想象力，同时也可以学习到耐心和细致的工作态度。

通过参观各种艺术家工作室，幼儿可以了解艺术家的创作过程和工作方式，与艺术家交流和互动。在艺术家工作室，幼儿可以学习到艺术家的创作技巧和思维方式，同时也可以激发他们对自己的艺术创意活动的兴趣和热情。

案 例

作品的诞生不容易

大一班依依的妈妈毕业于美术学院绘画系，是一名自由艺术家，也是徕卡中国设计师。在跟妈妈沟通后，我们带着大一班的孩子来到了她的工作室。工作室中摆满了她从世界各地淘来的工艺品以及她自己和孩子们创作的作品。

依依妈妈和孩子们介绍了自己的一些作品，并和孩子们进行了互动，孩子们最感兴趣的就是找出一个个自己喜欢的工艺品，问是从哪里来的，而依依妈妈也非常耐心地一一解答。最后，在工作室外的场地上，我们还进行了一场户外涂鸦活动。整个活动，孩子们兴趣盎然，自然轻松，炎热的夏日都挡不住他们的创作热情。

家长志愿者进课堂　　　　　　　　　　户外涂鸦

（四）拥抱自然，公园广场常变化

自然环境是一个非常适合幼儿进行艺术创意活动的场所。通过在自然环境中的探索和发现，幼儿可以感受到大自然的魅力和感染力，同时可以学习到各种自然生态和环境方面的知识。在自然环境中，幼儿可以尝试用各种自然材料进行创作，例如，用树叶、石头、果实等制作拼贴画或雕塑。

教师倡导家长带幼儿到公园或广场玩耍，让他们观察人们的生活和行为，进行表演、雕塑、绘画等艺术活动，让幼儿从四季变化和社会生活中获得灵感和启发。

案 例

公园寻宝，秋天的落叶

公园里有美丽的风景，例如，植物、雕塑、建筑等，都是我们的艺术源泉。我们通过微信，引导家长们遛娃、教育两不误。如引导幼儿进行一些游戏——公园寻宝之旅、公园音乐之旅、公园光影之旅等，让家长带着幼儿一起

- 探索颜色、光影等秘密,开启寻美之旅,进而引发创意活动。

　　秋天,孩子们一起感受树叶,和落叶做游戏。我们一起捡落叶,一起观察落叶,一起抛洒落叶,观察它飘落下来的样子。我们发现了树叶的美,发现了每一片树叶都是不同的,即使是同一棵树上的树叶,叶子的颜色和叶子上面的花纹也会不同。在户外涂鸦活动中,一片片落叶成了幼儿手中的创意材料,一幅幅各有创意的作品跃然纸上。

秋天的落叶

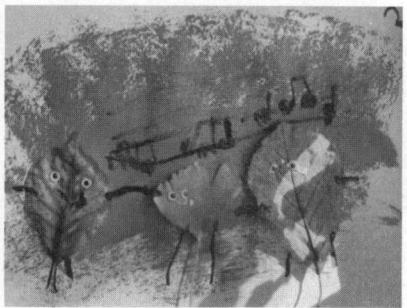

树叶创意画

第六章

幼儿园视觉艺术创意活动的资源开发

我们共读书籍,参观展览,拓展教师视野;制作艺术手册,解读幼儿创意;联动内外空间,打破固有边界。亲子互动、自然体验、社区交流,让多样资源适用于活动的各环节中。

我们在幼儿园视觉艺术创意活动的资源开发方面,有了一些经验积累。共读书籍,打开教师视野;观展启发,突破教学定势;艺术手册,解读幼儿创意,联通空间,打破固有边界。利用空间、环境、材料等生发活动促进幼儿发展,将"固所、家庭、自然、社会"四要素作为资源开发的"中心、基质、场域、视野"。

一、园所:资源开发的中心

(一)共读书籍,拓展教师视野

张俊春认为幼儿美育必须要关注幼儿在幼儿园一日生活中的体验,其中教师的作用十分大,教师作为流动的资源需要设计合适的活动才能把美育融入到幼儿一日生活中。[①] 教师自身的专业素养无疑影响着幼儿园艺术创意活动的质量。

我园教师利用假期时间阅读《我是快乐的艺术家——高瞻课程创造性艺术活动本土化实践研究》一书,对书中的每个段落进行详读和感悟记录,集中分享阅读后的启示。

托班老师1:"我对这本书的感悟关键词是'评价背离本真'。当下很多老师觉得自己的艺术观教育理念已经有所更新了。但是在评价孩子画的时候往往还是会说'画得好不好看?画得像不像?'这其实就是无意中用成人的审美观来评价幼儿的作品,那么属于幼儿独特的、个性化的发自内心的抒发和表达就被教师抑制了。就像带第一届托班的时候,教研员夏老师为孩子们开展了一个关于自然材料的活动。其实只是很简单地把一束野花插到了一个瓶里,把一根树干放在了一个盒子里。教师就在思考:这就是一种艺术表达的方式吗?夏老师说:'用简单的堆砌方法,可能是成人无法欣赏的。但是孩子在活动中就觉得这是宝贝,而且在这个活动前孩子在寻找这些东西的过程中,他们对材料的感受和独特的理解、表达才是真正艺术教育的本质。'"

托班老师2:"读了第一章节后的感悟,用一个关键词来说,就是'认识不足'。书里曾提到过幼儿园艺术教育的现状问题,其中第一点就是有关艺术对幼儿发展的重要

---

① 张俊春.幼儿园美育的方法研究[J].课程教育研究,2017(36):209—210.

意义的认识上的不足。在很多教师认为自己没有艺术特长，不擅长进行艺术教育的情况下，对艺术活动的开展往往是不够重视的，这点我自己深有体会。因为我也不是科班出身，所以，艺术方面的基础相对来说是比较薄弱的。那么，进入密云幼儿园之后又发现密云幼儿园的老师们个个都是多才多艺的，瞬间就产生了不自信的心理，怕自己开展不好艺术类活动，导致自己对艺术类活动有所回避。针对这点，我今后应该鼓起勇气向身边有艺术特长的教师虚心讨教，多多尝试开展艺术方面的各类活动。"

小班老师："我阅读了书中的第一篇第二章——幼儿园创造性艺术活动实施定位。这一章是从理念、目标和实施原则三个方面对幼儿园的创造性艺术教育进行了一定的概述。首先，它的理念就是呵护幼儿天性，让艺术真正成为幼儿表达自我的一种重要方式。这里面包含了三个内涵，第一个是艺术是幼儿的天性，成人要予以呵护。第二个是艺术活动源于幼儿内在的动机。第三个是艺术没有统一的标准。其次，在目标方面是释放幼儿天性，能用多种感官感受与表达自己的情绪，以及对生活的想象与思考。其中，既强调了让幼儿的天性真正得以释放，同时也强调了要让幼儿所有的感官得以调动，幼儿的多种表达方式得以激发。最后，还有七条具体的实施原则，分别是引导幼儿精神与幼儿表现同等重要；让幼儿欣赏多种艺术，感受自然美、生活美和艺术美；用独有的艺术方式开展艺术活动；呵护幼儿天性，尊重幼儿的表达和创作；借助观察指标，发现和解读幼儿的艺术；和幼儿认真谈艺术；在幼儿需要时提供技能上的支持。"

中班老师1："中班精读的章节是'幼儿园创造性艺术活动实施策略'，这一章节从课程实践的操作层面为幼儿园提供了更为具体的实践操作建议，总共分为五个板块。第一个是构建一日生活中的艺术气息；第二个是挖掘环境资源，材料的投放；第三个是支持以幼儿为主导的艺术探索；第四个是开展成人发起的艺术活动；第五个是携手家庭和社区开展艺术活动。这本书对每一个板块的内容都进行了很详细的介绍和罗列。"

中班老师2："看了这章节的内容之后，我记录下了几个关键句。首先是艺术欣赏和艺术创作是同等重要的。不管是书中提到的要随时随地让孩子们欣赏艺术，还是《3—6岁儿童学习与发展指南》中的艺术领域明确地划分了'感受与欣赏''表现与创造'两个子领域，都可见艺术欣赏和艺术创作是密不可分的。联想到密云路幼儿园是一个充满艺术气息的地方，园所环境，班级环境，以及每一次节日的艺术氛围都是有所体现的。结合我所开展的语言音乐活动，以及在一日活动中就会有很多的音乐穿插其中,也会带领孩子们进入音乐的殿堂。比如,早晨欢快的音乐,午睡前的安静音乐,收玩具时的提醒音乐等,都在潜移默化中感染着孩子。老师如果想要很好地带领孩子进行艺术欣赏,那就先要相信自己对艺术的感受力。

艺术教育是一份创造性的工作,而教师的成长与幼儿的发展是相似的。工作中必须去实践操作,不断接触新知识、新技能,并勇于尝试,才能让我们的思维处于活跃的状态。比如,也可以多参观一些艺术展览、音乐剧场等,提升自己的审美能力。同时,我们也可以沉浸在艺术的空间中,获得一定的启迪。此外,给幼儿提供适宜的艺术创作材料和空间。幼儿艺术教育的开端就是探索大量的材料,那在美术活动中,幼儿除了可以在美工区、美术室等进行艺术体验,一日活动中还有很多探索和操作艺术材料的机会。同时,平时的创意美术课程中也是利用了大量的多元材料,比如说美术材料、生活材料、自然材料等等。另外,在音乐活动中其实也有大量的多元材料,比如有各种乐器,有装扮类的道具等等,幼儿在摸索这些材料的时候,既认识了材料的价值,同时也会感叹于原来这些材料可以完成一幅这么棒的作品,或者是一段这么好的表演,幼儿的想象也会被无限开拓。"

大班老师1:"我将围绕这本书的第四章——幼儿创造性艺术活动评价进行读书分享和交流。观察和评价,在教师的教学过程中是非常重要的。两个词汇考量着教师的专业能力,在很多的活动中都要通过观察幼儿来了解幼儿。但什么是有效的观察以及如何为幼儿提供有效的支持?这还是有难度的。比如,在音乐活动中,想要培养幼儿区别高低音、分辨高低音的能力,有可能会找一首音色分明的曲子,和孩子们一起玩音乐游戏,一起唱,一起跳,一起去感受。但其实这并不能确保每个孩子都能达成目标。在一个活动中,孩子们之间存在能力、水平的差异是必然的,但是教师看到的往往是比较粗浅的一个层次差别,而这本书中的观察指标对教师来说就是一个很好的指引,能够告诉教师如何去观察以及评价,并且它的日常可操作性也很强。由此,在过程中真正了解孩子的最近发展区。

此外,这本书又提到了一个鹰架结构,这是我阅读下来印象比较深刻的。它是指教师根据幼儿的最近发展区有目的地为幼儿搭建脚手架,为幼儿提供知识,帮助幼儿从目前的一个发展水平提升到下一个发展水平。此外,本书又提到教师提供的鹰架是暂时的,当幼儿逐渐掌握的时候,教师要慢慢地撤出支持。当观察到幼儿能够反复表现出某一条指标水平的时候,教师就可以提供支持,帮助幼儿从当前发展水平向下一层次的发展水平前进。在音乐活动中,当幼儿对歌曲有了一定的听赏能力后,无论是材料的投放调整、语言的支持、同伴的互动,其实都是在帮助幼儿提高艺术表现与欣赏方面的能力。"

教师建立起专业素养与艺术之间关联密切的意识,带着课程的眼光和视角有意识地寻找、收集体现视觉艺术创意的素材,并将之转化,是有效开发资源的基础。

(二) 观展启发,突破教学定势

教师在工作之余利用闲暇时间参观各类艺术馆,了解艺术作品背后的价值和内涵,将这些内容内化,并在此基础上将其作为载体设计成欣赏活动等,通过浅显易懂的方式传递给幼儿,让幼儿通过观察浸润在艺术中。

教师在参观了大师达利艺术展后,将达利的作品分享给大班的幼儿,供其欣赏。达利的超现实主义画风对大班幼儿来说充满了好奇,有趣的画面内容吸引了他们。教师重点介绍了达利的作画风格和个人特色,用一些小故事和作品来诠释抽象的超现实概念,并鼓励幼儿通过自己的理解去诠释作品。大师作品欣赏后的再创作不是为了模仿大师,也不是为了临摹画作,而是通过欣赏去了解世界上有很多种画图的方法。他们别出心裁的设计和想法,跳脱出了日常循规蹈矩的框架,从中理解和包容这个世界千变万化的创意想象。

再如,以大师保罗克利的画作《鬼脸》为素材,通过比较鬼脸和我们平时的脸、自画像的不同,孩子们发现只要改变五官的位置和大小就能做出奇特的鬼脸。为了更加直观地看出鬼脸的特点,教师和孩子们一起玩鬼脸游戏,进一步加深了印象。最后,孩子们并没有像往常一样拿起笔和纸画出我们做的鬼脸,而是剪开了自己的自画像,通过改变纸片的位置来达到改变五官的效果,做出属于自己的鬼脸。

课 例

鬼脸

活动目标:

1. 尝试通过改变五官的位置来表达鬼脸的特点。(认知)

2. 欣赏名画《鬼脸》,体验保罗克利特别变形的艺术风格。(情感)

活动准备:

幼儿自画像若干、剪刀、胶水、牛皮纸、瓦楞纸板若干。

活动过程:

一、兴趣导入——交流自画像

师:上周你们画了自己的自画像,我们一起来看一看,请小朋友们分别介绍下自己的作品,你最喜欢自己的哪个五官?它哪里最特别?

小结:你们观察得真仔细。

二、欣赏《鬼脸》的图片,感知、体验鬼脸的特征

1. 介绍作家

师:有一位画家叔叔也画了张脸,你们想不想认识一下他?

(出示 PPT)他是一位德国画家,名叫保罗克利。

2. 作品欣赏

(1)出示作品《鬼脸》,说说这幅画给你什么感觉。

师:保罗克利叔叔画了一张鬼脸。

(2)找找和平时我们看到的人脸有什么不一样?

他的眼睛一上一下。(他眼睛的位置和我们画的不一样。)

他脸上的颜色和我们不一样。(他把他做鬼脸时的心情都画在了脸上。)

他的嘴巴特别小,嘴唇一左一右。(你能做做他这个动作吗?他嘴巴的大小发生了改变。)你觉得他最喜欢自己的哪一个五官?(眼睛。)

3. 鬼脸游戏

师:我们也来学学保罗克利叔叔做做鬼脸好吗?

小结:原来,通过改变五官的位置和大小就能做出鬼脸。

4. 教师操作

师：老师这里也有张自画像，想想有什么办法能让我的自画像也变成一张鬼脸？（剪开自画像，随意更换五官和背景方块的位置，重新组合成一张新的脸。）可是，我觉得我好像还缺点什么？（加上用瓦楞纸剪出来的烧着的眉毛。）你觉得我的脸完成了吗？看得出我是什么样的脸型吗？（再把脸的轮廓描绘出来，增添线条、色块。）

三、幼儿操作

师：现在请你也来试一试，变出一个鬼脸，并用瓦楞纸做出最夸张的五官。

四、交流分享

说说看你最喜欢哪一张鬼脸，你还认得出那是谁的自画像吗？

幼儿在绘画活动中表现出来的热情很大程度上来自于幼儿固有的自我表现欲望，也可能来自于新颖、有趣的教学方法。因此，在选择创作形式时，一定要具备可激发幼儿兴趣的因素，让他们体验到绘画带来的无穷乐趣。

幼儿常常用笔和纸创作绘画作品，还没有尝试过在已有的画作上进行改变和尝试。就此打破常规，发展幼儿的想象力和表现力，激发他们对绘画的兴趣。

（三）艺术手册，解读幼儿创意

我们在创意坊中陈列一面艺术手册收藏架，将幼儿在不同阶段、不同时刻收集而来的图片信息做成册子，并在手册中记录幼儿观察不同图案时的心情。该画册不仅起到了用各种符号、线条、色彩、元素来记录当时的心情和想表达的内容的作用，还有以下作用：对于教师来说，教师可以通过让幼儿欣赏册子中的各类图片，解读并捕捉幼儿的创意；对于幼儿来说，还能在欣赏他人的作品时学习用另一个视角来解读同一个文字元素,发散幼儿的思维,启发幼儿的创意。能力较弱的幼儿能从中得到灵感,能力较强的幼儿也能共享美、欣赏美、创作美。

案 例

我想做一本小豆本

在一次家长助教活动后,孩子们对"豆本"产生了很大的兴趣,"豆本"类似于他们过去见过的拉拉书,但不同的是,这样的书可以通过孩子们自己的想象、设计、记录来独立完成。不仅好玩、有趣,内容又富有想象力,创作的方式更是多样且自由。有了充分的发挥空间,也能让这群大班的孩子们在纸上画其所想。让我们一起来看看他们的作品吧!

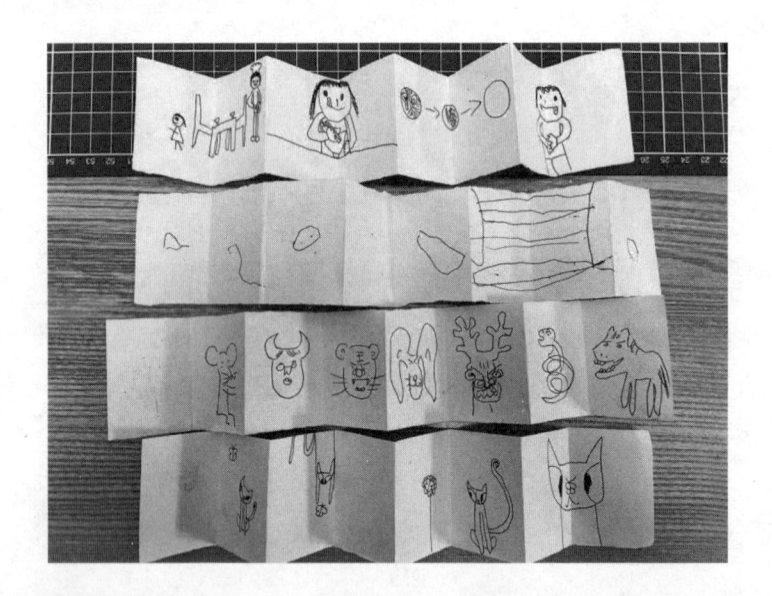

艺术豆本

绘本世界里处处都是艺术的惊喜,艺术类绘本是艺术手册之外的资源补充。线

103

条、图形、色块,无一不是艺术资源,都给予了幼儿视觉上美的享受和熏陶。阅读绘本不仅仅是阅读文字,也是一场视觉盛宴。因此,我们可以在幼儿园提供一个能自由进入的空间,教师有选择性地提供富有创意的绘本,幼儿选择感兴趣的内容进行阅读。教师根据近阶段幼儿感兴趣的内容对绘本进行筛选和动态调整,幼儿也可以将自己收集到的绘本带入绘本活动室进行分享,这样的互动形式让绘本活动室不仅仅只是一个阅读的空间,同时也被视为一个充满创意艺术氛围的创意环境资源。

(四) 联通空间,打破固有边界

目前,幼儿园活动室常常按领域划分,设置美工室、科探室、建构室、阅览室等,一般由教师团队承担幼儿园专用活动室的建设任务。组织专用活动室的教师有机会根据需要创设环境,幼儿则主要以作品的形式参与环境创设。

豆玉梅提出,"利用功能室开展活动,可以突破传统幼儿教育中使幼儿处于被动静止的局面,有效促进幼儿主动发展"。[①] 她指出利用功能室开展活动应遵循幼儿自主发展、材料投放的空间性、教师少干预多鼓励的原则。此外,她认为"美工创意坊"游戏活动的主题应该来自幼儿,要选择幼儿感兴趣的、与幼儿生活相关的游戏内容。

英群专门对幼儿园美术创意坊活动的有效实施展开了研究。有效策略包括投放种类丰富、不同层次的材料以满足幼儿的不同需求;"教师不必过分拘泥于教室的整洁与清爽",材料要放在方便可取的地方,以引发幼儿主动操作;空间环境应宽敞舒适,有利于展示作品;教师指导时注重幼儿的个性化发展,充分发挥幼儿的主动性。[②]

我园从室内外游戏活动融合的角度进行了整体谋划,根据幼儿的活动需要,在户外创设了综合运动区、户外涂鸦区、户外建构区、沙水探索区等活动区以及草坪、泥地、沙地、硬地等多种质地的场地。在室内,我园创设了视觉创意工坊、绘本工坊、光影工坊、涂鸦活动室。在打造过程中,强调富有美学特征的环境设计,充分运用空间色彩和线条、光线明暗与变化等为幼儿创造生理和心理舒适的空间。

1. 室内创意画展长廊

合理利用空间,打造艺术画廊,幼儿的作品是最好的创意灵感来源。教师应善

[①] 豆玉梅.幼儿园功能室开展活动的指导策略[J].吉林教育,2016(18):155.
[②] 英群.探索幼儿园美术创意坊活动的有效实施途径[J].好家长,2020(78):40—41.

于挖掘幼儿园里的合适空间,并利用好它,给幼儿一种美的享受。这里的视觉艺术坊不再仅仅是狭隘的涂鸦室里的某一面墙,或者是其中的某一系列作品,校园里的各个角落都成为了创意活动的一个部分,幼儿置身其中,身临其境般感受创意带来的美的冲击。

利用校园门厅的长廊打造幼儿艺术画廊,将原本属于幼儿的墙面还给他们,每个人的作品都能够被布置在此。每当他们清晨走进校园,中午午休散步或者运动结束后回到班级的途中,都有和长廊面对面的机会。他们会驻足停留,欣赏同伴的作品并议论纷纷,在欣赏过程中得到一些艺术上的灵感。画展成为了创意活动中的一道亮丽风景线,也是一种特殊的作品陈列的方式。

此外,在活动室内新增信息化技术,使得幼儿有更多与高科技环境进行交互的机会。利用"互动游戏屏"与运动活动相融合,将运动活动中的投掷、跳等基本技能与游戏屏的内容有机结合;利用"投影机器""炫彩屏"等适合幼儿感官体验的材料,促进幼儿的直接感知和探索,激发幼儿的探究兴趣;利用"光影工坊",创设光影游戏环境,让幼儿近距离感受光影的变化等。

2. 室外创意环境空间

幼儿只有直接接触艺术活动材料,才有探索、欣赏和创作的可能。幼儿园创设的幼儿艺术活动绝大部分聚焦于活动材料的选择和提供方式上,教师如何提供材料,幼儿如何使用材料是艺术活动品质的重要影响因素之一。其实,也可以使用幼儿自己或同伴的作品来布置视觉创意坊的环境,让幼儿边创作边欣赏,打通五感体验,实现艺术空间之间的融合。此外,我们往往会忘了环境是最好的老师,室内的班级,门厅画廊,各类活动室中的这些室内空间等,都应被充分利用起来。此外,户外的创意空间也是丰富多彩的,当我们带领幼儿走进大自然,比书本、教室里更多的色彩很快就会被幼儿捕捉到,操场上,花园里,小山坡,甚至一些场地上的运动器械也都是创意的来源。

当室内创意活动中幼儿玩过的沙画已经无法满足他们更多的玩法需求时,教师组织幼儿来到户外沙坑中,有的幼儿用一根长长的树枝在沙地上来回画,他们发现:在教室里是用手在沙盘里画画,但是在户外,可以用树枝画画,力气大点,树枝的线条会深一些;力气小一点,树枝的线条就会浅一点。树枝的不同粗细也会让沙画的线条显得更丰富,而且不仅可以一个人玩,还可以很多人聚集在一起玩。有了上述这些发现后,幼儿激动极了,更沉浸在沙画游戏中了。

在创意活动投影游戏中,结合光影投射原理,幼儿从一个问题——"如果将玩具放在投影机器前会发生什么"展开思考,进而发现物体的形状轮廓会被投射到幕布上,然后自发联系到日常游戏中用过的透明彩虹积木。在这个过程中,他们惊喜地发现,将透明的彩虹积木投射在屏幕上,光线会穿透过去,幕布也随之变成了五颜六色的。随后,他们不再只满足于彩虹积木的投射游戏,而是将积木拿到了操场上,在阳光的照射下,地上也印出了类似光影室中的彩色积木的颜色,几个孩子都惊呼"太棒了,我们成功了!"视觉艺术创意活动打破室内外的界限,原理相同的有趣实验游戏也成功了。游戏不再局限在室内的空间里,室内外联动起来的效果事半功倍。

案　例

虚实相生的油菜花田

托班宝宝们的教室外有一片油菜花田,在春日里,阳光下,油菜花上的小黄花便开起来了,天气好的时候真是好看极了,一大片的"绿油油"和"金灿灿"。托班宝宝们特别喜欢走过去闻一闻,看一看,还会为它们浇浇水,守护着这片美好风景。结合四月主题"寻春日美"活动,教师和孩子们一同在油菜花田的墙面上涂涂画画。孩子们想到可以用黄色的、绿色的颜料,有的用毛笔涂鸦,有的用喷壶彩绘,在大家的自由创作下,一大片的油菜花田跃然墙面上,和旁边的油菜花形成了虚虚实实的美好画面。

油菜花开了

案 例

我为大树穿新衣

小班的操场滑滑梯活动区域里有一棵大大的香樟树,一旁的孩子们正在玩"小花店"的游戏,他们用轻泥、手工纸等材料,玩得不亦乐乎。女孩子们玩久了,已经不满足于在手工纸上装饰花朵造型图案了,她们也想要帮这棵大树打扮打扮。"我们可以用轻泥给它做衣服和裤子。""我们可以用毛线绕在它身上,给它穿毛衣,这样冬天的时候它就不冷了。""我想给它做一根项链。"孩子们的创意很快就在大树身上表现了出来,大树的造型在他们的一番打造下突然变得灵动了起来。时间久了,还吸引了更多的小朋友参与其中。由一棵大树引发的创意想象真是无穷之大。

打扮大树

3. 打造融合艺术隐性空间

幼儿通过看、听、摸、尝、嗅等感官产生关于客体的形状、色彩、音色音调、质感、口味等经验。身体感觉和知觉体验是一切审美活动的基础。操作性和体验性的有机融合是幼儿审美活动的最基本特征。[1] 不把环境创设单纯看作是一种静态知识的展示或美化装饰。无论是内容的设定、材料的选择、作品的制作,都应根据幼儿的需要进行选择,要给幼儿留出可以自主创作和互动的空间位置,重视幼儿环境创设的参与性、体验性以及与环境的互动性。

创意活动空间不仅仅是一个创意美工室或某一个活动教室。空间布置、班级氛围也是视觉艺术创意活动的重要环境因素之一。其中,装饰的主题内容需要根据幼儿的

---

[1] 杜卫.美育论[M].北京:教育科学出版社,2014.

身心发展阶段和教育情境的需要而定,装饰的材料也可以是幼儿自己生成的。这样不仅可以增强幼儿的动手能力,推动幼儿感受作品的艺术美,还可以引导幼儿体会集体合作的社会美,增强幼儿的成就感与归属感。

教师在环境创设中应注重幼儿的参与性,引导幼儿积极、大胆地自己动手创作和表达自己的想法,体验劳动带来的自由和创造带来的快乐。对墙面、角落等空间进行适当留白,让幼儿参与创作,实现环境的动态变化。随着幼儿体验和表达的深入,幼儿通过自由的创造进行表达,实现创意的动态生成、变化和留存。

每个班级的环境创设学习某一位大师的风格,将大师风格融入日常教学环境中,通过环境创设凸显隐形艺术熏陶空间。此外,我们还可以尝试在班级特色的艺术氛围中融入大师作品风格,如班级的主色调、主题墙、橱柜或者门楣等,再如,将米罗的红、黄、蓝线条及色块创意融入到班级的各个角落中。

我们不是要让幼儿理解米罗或者米罗的画风,而是用一些大师的作品给到幼儿视觉上的体验和冲击,通过这样的频繁刺激,在其他环节中也会有这些艺术储备被表现出来。如在建构游戏里,孩子们会尝试用这三种颜色来拼搭造型;在涂鸦环节中,小班幼儿画着黑色的线条,运用红色、黄色、蓝色等色块组合……这些都可以被视为隐性的艺术空间感染。

二、家庭:资源开发的基质

游戏化的艺术创意无处不在,我们常常会说父母是幼儿最好的老师,家庭也是艺术的重要来源。运用家庭资源开展幼儿艺术教育中的家园合作,对家庭而言,是了解艺术、接受艺术教育的一种契机;对幼儿园来说,有利于达成教育共识,丰富幼儿园艺术教育课程的资源。

(一) 家长助教,共建艺术氛围

家长的艺术造诣有时候是老师所不能企及的,每个家庭都是一种很优秀的创意资源。教师可以从家长处收集到相关的艺术资源,在班级中征集有意愿参与的家长。有的家长擅长钢琴、画画,有的家长擅长科学实验,有的家长能歌善舞,有的家长在设计、组织活动上有所专长。如果打破校内外的空间壁垒,把这些好的家长资源引进校园里，就能够使视觉艺术弥补园本课程之余的空缺或者起到辅助游戏开展的作用。

在亲子画廊中，我们协同在艺术方面有造诣的家长和孩子一起创作有趣的画作，并将这些作品通过园所画廊的形式展示在门厅里。通过这样的方式让更多的家长能够理解助教活动的内涵和价值，吸引更多的家长参与其中，从家长处收集而来的资源也就变得源源不断，这些亲子一起创造的美好瞬间是家园共同的宝贵财富。

（二）亲子互动，共集创意点子

通过制造一些有趣的亲子制作时光，将有限的个体资源辐射给更多的集体。在幼儿园里，家长不能每次都参与到活动中，但是可以通过小任务的形式给到每个家庭，提供有效增进亲子互动的机会。无论是作品还是情感上的收获，都同样能够被记录下来作为幼儿园的创意资源。

自然角里种植着各种蔬果，其中，红薯、土豆就是我们在日常涂鸦活动中用过的一些自然材料。当幼儿体验过它们除了吃以外的其他用途后，激起了更大的好奇心，常常会问："我们还能用红薯和土豆做些什么呢？它们从哪里来的呢？它们会开花吗？……"这些问题也为幼儿的发散思维和创意提供了更多的空间。教师邀请在植物种植方面比较专业的家长在介绍蔬果种植方法之余，还可以回家和爸爸妈妈们一起互动体验，尝试用土豆和红薯创造出各种有趣的造型，例如，有的家庭变出了有趣的土豆娃娃和红薯宝宝。将有限的家长资源通过亲子互动分享的形式辐射到更多的家庭，为视觉艺术创意活动提供更多的资源渠道。

三、自然：资源开发的场域

自然资源是幼儿园艺术创意活动开发的基本材料，是自然美育的重要素材。通过挖掘与艺术活动相关的自然资源，进行艺术化开发和利用，有利于促进幼儿的健康成长。

提供适宜的自然材料很重要。教师可以根据领域和主题内容选择自然材料，强调多领域融合，使幼儿感知的多样化、情境化和整体化。尊重幼儿的兴趣和需要，力求活动游戏化、教育整合化。

(一)亲近自然,体验多样变化

亲近自然时,应注重多重感官体验,如色彩、光线、声音、气味等,这些因素符合幼儿的认知特征,可丰富幼儿的感官刺激。感知与体验是幼儿在真实的活动情境中亲身经历感知的过程,是亲近自然的成长方式,且强调幼儿是主动的学习者。

在自然资源艺术化开发的过程中,幼儿园可根据幼儿的年龄特征有针对性地开展活动。根据季节变换和园所自有的自然环境,创设符合不同年龄段幼儿的体验内容。小班幼儿喜欢观看花草树木、日月星辰等大自然中的美的事物,容易被自然界中的鸟鸣、风声、雨声等好听的声音所吸引;中班幼儿喜欢在欣赏自然和生活环境中发现美的事物,关注其色彩、形态等特征,喜欢倾听各种美好的声音,感知声音的高低、长短、强弱等变化;大班幼儿乐于收集美的物品,并向他人热情介绍自己所发现的事物,乐于模仿自然界和生活环境中有特点的声音,并产生相应的联想。幼儿的这些年龄特征与表现都可以作为自然资源所提供的素材。

大自然美丽的作品见证了缤纷、璀璨的历程,自然作品是一种视觉艺术和情感艺术。例如,当秋天的落叶飘落在花园里,孩子们捡拾起落叶,用来作为艺术活动的材料,结合其他形式,通过剪贴、拼搭、装扮等进行观察感知、表达表现。此外,将这些自然元素带进室内,用作活动材料或装饰室内环境,使自然元素不仅仅存在于室外,也可以是联动室内外环境的共同元素。

人类与自然、动物、植物有着密不可分的关联性,要让幼儿认识世界,不能只靠书本上描写的树木花草,而是要让幼儿真正走进自然、接触自然、感受自然,与自然为友,体验自然之美。艺术是实施美育的主要途径,应充分发挥艺术的情感教育功能,促进幼儿健全人格的形成。教师也要注重幼儿在活动过程中的情感体验和态度,引导幼儿初步感受并喜爱大自然中的艺术美,喜欢参加自然艺术活动,并能大胆地表现自己的情感和体验,能用自己喜欢的方式进行艺术表现活动,注重对美的感知和体验。

(二)建立联结,感受多重共鸣

自然资源所蕴含的内容丰富,涉及领域较多,且每个阶段、每个季节的区域所包含的资源也不尽相同。为充分开发可利用的内容,满足园所环境上的不足,可以带幼儿走出校园,通过远足、春秋游等形式,进入公园、绿地、郊外等自然环境中,实现对自然资源艺术化的进一步开发。

在光影工坊里,孩子们欣赏了视频"梵高的星空"。孩子们很喜欢这幅作品,视频的动态效果更是让孩子们发现了这幅作品特别的纹理感,有点、有线、弯弯曲曲,又有凹凸不平的感觉。因此,孩子们感到这幅作品很有趣。此外,他们初次听到并知道了"肌理"这一词,他们发现自己身边有各种各样不同的肌理,寻找自然中的肌理的旅程就此开始。

镜头 1:教室里的肌理

孩子们首先在我们最熟悉的教室里寻找了起来。小黄眼睛特别尖,一下子就指着墙面说:"老师,这个墙面是用一块块木板拼成的,摸上去有肌理。"小金拿了角色游戏时的一个篮子,"老师,这个篮子摸上去也有肌理。"小清说:"老师,动物玩偶摸上去毛茸茸的。"小米糕:"钢琴是很光滑的。"孩子们一边用眼睛仔细搜寻着身边的一切,一边用手摸摸各种物品,寻找着不同的肌理感。

教室里的肌理

镜头 2:幼儿园户外的肌理

老师:"那只有教室里的这些东西有肌理吗?"孩子们有的摇头,有的说不是。于是,老师带孩子们走出教室,寻找幼儿园里更多有肌理的物品。孩子们在操场上找到了大树,"树干的纹路是粗糙的,凸出来的。"找到了墙壁,"墙壁摸上去有一粒粒的东西,应该是油漆吧。"孩子们还看到了屋顶上的瓦片、积木、轮胎、木绳等等,有小物品,也有大器械。孩子们找到了形形色色、千变万化的肌理,特别开心。

户外的肌理

镜头 3：生活中的肌理

除了幼儿园，我们的身边还会有肌理存在吗？带着这个问题，孩子们回家后也不停思考，和爸爸妈妈一起讨论，并把收获带来了班级与大家分享。小朱说："瞧，我画的作品，爆米花是用纸巾揉成团做成的，摸上去有不一样的感觉。"小袁说："搅蛋时，蛋液有多层黄色。"小黄说："我去了水族馆，鱼身上的花纹都不一样。"小仲说："动物园里的小羊毛是软软的，斑马是黑白花纹的，鱼是五颜六色、滑滑的，这些都是肌理。"每个孩子都有一双慧眼，并带来了自己的发现。

生活中的肌理

生活中不缺少美的事物，只是我们不善于去发现美。"肌理"对孩子们来说，可能是一个从来没听过的词语，但正因为肌理的多样性，可以调动孩子们的感官，去寻找、发现不同肌理的动物、植物、物品。从最近的教室、幼儿园，走近大自然，寻找生活中的肌理。孩子们有了搜寻的目标,会更有兴趣,也会更专注地观察。通过这个活动,孩子们切身感受并发现原来不同材质的物品上都有着独特的肌理,这些肌理就像物品穿在身上的一层皮肤;有的光滑平整,有的轻软疏松,有的厚重坚硬……各种各样的肌理变幻无穷、各不相同,让我们发现了无限可能,也带给我们不同的视觉享受。生活中随处可见的肌理也隐藏着不一样的美。梵高的星空作品恰好引发了孩子们对肌理的敏感度。艺术家们根据这些创造出了艺术肌理的意境之美,那我们也可以用发现美的眼睛去寻找、欣赏生活中的肌理之美。生活是艺术创作的源泉,我们要引导孩子们善于发现生活中的点滴,有了切身的感受后,相信孩子们创造出来的作品会更具特色、更有价值体现。

四、社会:资源开发的视野

美育不再是传统意义上等同于艺术教育的"小美育",而是走向生活包含了自然美、社会美和艺术美的"大美育"。[①] 一方面,要求教师在实践中避免将美育窄化为艺术技能训练,深刻理解美育的本质是人性的教育,是情感的教育,是促进人的全面发展,强调基于生活的多形态、多感官的大美育。另一方面,要构建包含自然美、社会美、艺术美和科学美的"大美育"环境。

社会的艺术资源,从字面上就是扩大了整个环境范围,为幼儿接受更多的艺术、文化和不同的生活方式提供了更真切的浸润式环境。

(一)双向沟通,促进文化融合

社区内各种可供开发利用的教育资源,可以增进幼儿园与社会的联系,使两者之间协调配合做好教育工作,是幼儿艺术教育顺利实施的关键之一。

第一,幼儿园与社区需要进行有效的沟通。幼儿园要将自己的责任和义务扩展到幼儿园所在的社区中,带领幼儿到社区中开展活动,与社区的沟通也是一种对社区的文化、艺术发展起到促进和推动作用的有效行为。充分开发和利用两者资源,例如,在传统节日活动中,幼儿园根据所在社区的文化传统,在幼儿园也开展相关主题活动,帮

---

① 杨光. 微时代的美育问题及其当代转向[J]. 社会科学辑刊,2019(1):201—208.

助幼儿融入社区的文化氛围,增强对本地社区文化的归属感。再比如,同样是开展民俗文化活动,幼儿园作为社区的一部分,社区也可以邀请幼儿园的孩子们参加社区的民俗活动,让孩子们感受到自己也是社区的一员,从小开始接触优秀的传统文化。

第二,社区课程资源与幼儿园课程可以有效融合,一方面幼儿园能充分发挥社区课程资源对幼儿园课程的支持功能,另一方面也丰富了各种社区课程资源。例如,走进社区的活动室,在社区中开展幼儿园里的相关活动,利用社区的资源,开展绿地种植活动、敬老活动、妇女节活动等等,幼儿园有效地开发社区课程资源,支持幼儿园课程的发展。社区课程资源的开发促进了幼儿园与社区的有效交往。例如,邀请社区里的相关人士来园观摩并进行研讨互动,开展相关讲座和进行相关演示;鼓励社区成员来园了解幼儿艺术教育的现状与发展趋势等。幼儿园与社区在思想观念上的交流和对话是幼儿园和社区有效交往的思想基础。促进幼儿园与社区有效交往的制度建设,是幼儿园与社区有效交往的制度保障。加强幼儿园、社区关系的理论与实践研究,是幼儿园与社区有效交往的理论保证。通过幼儿园与社区的有效交往,达到社区课程与幼儿园课程的有效融合。幼儿园还应该树立大美育课程资源的观念,积极开发并利用幼儿园内外课程资源,广泛利用园外的图书馆、博物馆、展览馆、少年宫、科技馆、艺术团等各种社会资源以及丰富的自然资源。总之,不局限于有限的园内课程资源,将目光投向整个社区,积极合理地发掘和运用社区内一切可利用的课程资源,并服务于幼儿园课程。

(二) 长效机制,保障多方联动

开发社区课程资源有多种途径,按照主体的不同可分为幼儿园途径和社区途径。幼儿园途径主要是促进幼儿园和教师在教育观念上的变革和创新。幼儿教师要树立全新的课程观、课程资源观、开发主体观、课程实施观、课程管理观、课程评价观等。也要采用园内培训的方式提高教师的开发意识与开发能力,促进教师专业发展。此外,还要利用社区课程资源开发园本课程。教师和家长志愿者可以一起走访社区里的艺术场馆,探索这些场馆能够为幼儿提供哪些合适的活动内容、艺术服务及活动方式,使幼儿园的艺术活动和场馆活动、项目之间建立联系,相互促进。

社区是社会教育功能实施的主体。对社区资源进行开发利用,加强社区教育功能的具体做法主要有:完善社区教育设施,像图书馆、博物馆、美术馆、少年宫等,不以盈利为目的,主要面向社会儿童开展教育普及活动,这些设施是开展社区教育活动的强有力的保证。幼儿园可邀请社会中有着丰富知识和优秀艺术技能的人员参加幼儿园举办的艺术活动。既拓展了幼儿的知识面,也加大了幼儿园建设和管理的力度。社区成员也可以主动参与到幼儿园的建设和管理中去,形成以幼儿园为中心的教育网络,并开展丰富多彩的社会教育活动,让幼儿与社区人员都参与进来。例如,带领幼儿走进剧院,去实地感受剧院舞台、灯光、道具等岗位的工作内容。

在家庭、幼儿园、社区课程资源的整合中,教师起着重要作用。家庭、幼儿园、社区共建共享教育资源,共商教育问题成为必需。这需要教师努力与幼儿的家长和代理人建立密切的关系,尽力消除对抗因素,发展并维持教育信任关系,共商教育问题;教师还要走进社区,结合身边的资源,为建构"学习化"社区出力,以教育力量改善社区不良习俗与风气,使幼儿所依附的社区文化或次级文化得以改良;同时,利用和动员社区力量,使幼儿有机会进入真正的实践课堂,例如,为外出活动制定方案,包括活动流程、活动内容和活动反思总结。总之,就是要以教师为主导加强沟通与合作,建构起幼儿园教育、家庭教育双向奔赴,同时以社区教育为依托,多方联动的大教育体系,实现幼儿园、社区、家庭教育一体化。

第七章

幼儿园视觉艺术创意活动的评价妙用

借助多元评价,我们能够更好地"看见"幼儿。通过分享性评价,看见幼儿的"独特"想法;通过表现性评价,看见幼儿的发展"过程";通过档案袋评价,看见幼儿的"成长"轨迹;通过差异性评价,看见幼儿的"个性"特质;通过激励性评价,看见幼儿的"自信"建立。

本章节呈现了不同评价方式与工具在活动中的妙用,分析实录、反思现场,通过循证研究解决活动过程中的具体问题,让促进每一位幼儿的全面发展成为可能。

一、分享性评价:看见"独特"

在幼儿园视觉艺术创意活动中,布置着幼儿的各类作品展示,在活动后也会组织幼儿进行作品的分享,尤其以各类美术活动居多。从不同年龄段幼儿展示的多元作品中,我们可以通过"儿童的语言"解读幼儿的所思所想。而作品分享指向的分享性评价是诸多评价方式中较为真实的方式。通过分享性评价,教师能够以作品为媒介,更加近距离地走近评价主体幼儿的内心世界。

分享性评价不仅仅存在于幼儿园中,幼儿也可以将作品分享中的绘画、手工、泥塑等物件带回家,让亲朋好友共同参与,成为评价者,延展评价的时间、空间、范围,使幼儿感受评价带来的愉悦,增添自信。

(一) 听孩子们说自己的想法

在进行分享性评价的过程中,分享的幼儿是评价的主体,而"观众"则成为评价方,两者展开互动,共同发现作品背后的精彩,而教师作为"观众"中的一员,也可以对幼儿的发展进行评价。幼儿作品也可分享于园所环境中,供更多人评价。

案 例

花花世界,寻美春天(中班)

镜头 1:

双休回来,晶晶发现插在自然角水桶里的花的头垂下来了,有些花瓣也掉下来了,教室里的鲜花都枯萎了。可是,小朋友们都很想把花的美留在教室里,有什么办法呢?小朋友们展开了激烈讨论。

殊殊说:"我们可以拍照片,把花拍下来,把照片挂在教室里,我们就可以一直看漂亮的花了。"

姿姿:"我们把花做成干花。"

咻咻:"可以把花做成手工作品,留下它的美。"

杰杰:"美工室里白色布袋子,可以用花朵装饰,这样袋子会变得很好看的,我们可以在表演游戏的时候背着袋子走秀。"

小朋友们在交流讨论之后,想要一起留住花的美,一起努力把春天留在教室里。

镜头 2:

干花组的小朋友看着快要枯萎的鲜花,讨论着怎样把鲜花做成干花呢?他们围绕着共同的问题展开了讨论:

幼1:"可以用空调把鲜花吹干。"

幼2:"放到太阳底下去晒。"

幼3:"用电风扇吹干。"

幼4:"用书把花瓣压住。"

幼5:"把花埋在干燥剂里面。"

表8 制作干花统计表

电扇吹	空调吹	埋在干燥剂里	用绳子挂起来	太阳晒
1票	1票	2票	6票	4票

镜头 3:

美工室里,小朋友们忙碌地创作着自己心中的干花作品。他们把制作完的干花放在桌子中间,选择好自己需要的材料,沉浸在"秘密花园"的立体制作中。

今今在长卷上制作树叶精灵,小精灵的脸上挂满了泪水。于是,我问道:"小精灵怎么哭了呀?是遇到什么不开心的事了吗?"

今今回答:"他们没有不开心,他们是去公园里种树,怎么会不开心呢?"

"没有不开心,怎么会哭呢?"我追问道。

"是梧桐树的絮絮飘到眼睛里了,忍不住流眼泪了,就和我们上次去森林公园春游时遇到的情况是一样的。我还记得姿姿的眼泪止也止不住,眼睛都哭肿了。"今今一边说着,一边还给右边的树叶精灵的全身涂上了粉红色。

"他怎么全身都是粉红色?"我又追问道。

今今说:"他花粉过敏,所以皮肤都红了。"

我邀请今今向伙伴们展示自己的作品,分享自己的创作故事,这也让今今收获了同伴们的认可。

树叶精灵

　　面对花凋谢枯萎这一自然规律,在成人眼里是再正常不过的事情,是能够理解并欣然接受的。但是,幼儿往往不同于成人,他们有自己的想法和对世界的独特理解。通过小组分享、展示,幼儿与同伴以作品的形式共同讨论"如何把鲜花做成干花",并互相评价,以投票的形式决定制作的方式,这既是幼儿自我想法的一次展示与表达,同时也能够借助小组的形式进行幼幼之间的互相评价。

　　此外,在教师追踪幼儿创作干花作品的过程中,除了通过小组展示、分享作品来分析幼儿的作品之外,也能够从一幅有别于其他幼儿作品的作品中捕捉到幼儿作品背后的思考与情绪,倾听幼儿的创作故事,再进行评价。由此可见,在评价的过程中,除了关注幼儿的作品外,也要关注幼儿对作品的"解读",幼儿是如何描述其作品的,而不是靠成人的主观臆断。

(二)听同伴们说对方的意见

　　在分享性评价中,以小组分享的形式能够让幼儿面对面地欣赏对方的作品,倾听对方的故事,产生互动、合作,增进对彼此作品的认识。

案 例

双色《千里江山图》(大班)

《千里江山图》是北宋王希孟创作的绢本设色图。在一节美术欣赏活动中，我带领孩子们以照片、视频的形式欣赏作品，了解作品背后的故事。孩子们很是兴奋和好奇，迫不及待地与我互动，想要深入了解这幅画。

这时，班上的一个孩子向我提问："老师，我们能不能也来创作一下《千里江山图》呀？"其余的孩子们听到了，也纷纷拍手称赞，想要加入创作。于是，我便问了孩子们的创作想法。大班孩子们议论纷纷，在讨论后，有的孩子说："我想要模仿《千里江山图》，创作一幅我们自己的作品。"他的想法得到了很多孩子的认可。可这时，有孩子有了不同的想法，一个孩子说："我觉得千里江山不一定是青绿色的，我喜欢红色的山。"又有一个孩子说："我也觉得，我去爬过山，有晚霞的时候，山是红色的呀。"

就这样，孩子们你一言我一语，争论不休。班级的孩子也有了两种不同的想法：画和原作一样的青绿色的山，还是画晚霞时的红色的山？

随后，我带领孩子们来到涂鸦室，并按照孩子们的想法，将孩子们分为两组，两组孩子面对面创作。一组创作青绿色版本的《千里江山图》，另一组则创作红色版本的《千里江山图》。

在创作结束后的分享环节，两组孩子们自告奋勇地想要进行分享。于是，两组孩子面对面，各自举起自己的画作向对面的伙伴介绍自己组的创作过程以及想法。孩子们一边欣赏作品，一边倾听创作故事。在看完作品、听完故事后，孩子们对另一组孩子进行评价，分享自己的感受，同时也对创作过程和作品中的疑惑进行提问，互动氛围很是热烈。

《千里江山图》的故事，是幼儿小组之间的精彩互动与分享。故事的场景从教室到涂鸦室，打破了空间界限，也为幼儿提供了更多的分享空间。在创作初期，两组幼儿有着不一样的想法。在创作后通过小组形式的展示，面对面分享自己的创作想法、创作

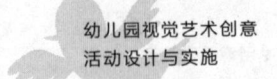

过程、创作故事,并让另一组幼儿进行评价,增进了幼儿对于作品的理解,也让幼儿成为了评价的主体通过分享,幼儿更自信了,对于自身与他人的作品也有了更加全面的认识与了解,助推了幼儿的成长!

二、表现性评价:看见"过程"

表现性评价能够通过真实的活动表现,使保教人员充分了解幼儿的身心发展状况,同时进一步提升幼儿园的保教质量,提高教师的指导能力。表现性评价中的各类工具应当是灵活的,教师可以参照不同测评表中的指标,但并非完全依赖,而是在测评表的基础上进一步促进幼儿各方面的发展。因此,测评工具也并非固定、单一的,需要"多元""多途径""多人参与",根据不同的观察对象、内容,制定相应的测评内容、测评形式、测评场景,让保教人员充分参与其中。

在表现性评价过程中,教师可以参照评价内容、对标评价指标,了解幼儿目前的发展水平、特征和阶段,在后续的教育教学中有针对性地提供支持,助力幼儿的发展。同时,保教人员也能够结合多种测量性工具反思自身的教育行为,为下一次的教学奠定基础。

(一) 个案追踪,幼儿可持续发展优先

在教师评价幼儿的过程中,教师会进行个体追踪,了解幼儿的情况,通过表现性评价发现幼儿的成长与蜕变,判断幼儿的发展情况。

案 例

沙水世界里的乐乐(托班)

乐乐是一个聪明、开朗、喜欢同伴的托班小男孩,虽然有时口齿不太清楚,但他还是很乐意表达自己。

教师通过户外游戏更好地观察了解了乐乐,开始有意陪伴乐乐活动,通过捕捉乐乐在户外沙水活动中的一个游戏片段,分析乐乐小朋友在沙水游戏中的表现。

片段一：

在最近投放的材料中，沙铲和球是已有的游戏材料，红色小船和瓶子是新投放的，是根据幼儿之前玩水动作发展的新需要分步提供的，能够帮助幼儿展开图示学习与体验。

片段二：

乐乐正在不断地用新旧材料重复"倒"的这个动作，体会动作和材料之间的关系。我也及时关注到了乐乐这个兴趣点但没有打扰他，而是静静陪伴，满足了他反复摆弄的需要，同时也想看看他还会怎么玩。

片段三：

乐乐似乎有了自己的发现，他想要和我交流，我蹲下身子来倾听，对于乐乐的语言用二次回应的方法，用乐乐能理解的简单且正确的语言范型进行回应。

片段四：

乐乐又注意到了水池里的球，在玩中学，有了之前我和他的互动，乐乐也开始愿意表达，开始模仿我的描述，将自己关注到的球的外形特征用语言进行表达。

片段五：

乐乐将这次游戏中的发现和我一起总结了出来，让我也看到了儿童的自我学习和表达能力的变化。

对于这个游戏案例，我在对照《密云路幼儿园托班师幼互动评价表》的基础上，进行了游戏互动的反思。

表9　《密云路幼儿园托班师幼互动评价表》

维度一：良好的氛围			
关键词	表现行为描述		
^	表现行为1	表现行为3	表现行为5
悉心关爱	● 教师没有主动爱抚幼儿、拥抱幼儿，与幼儿进行言语交流。	● 教师经常爱抚幼儿、拥抱幼儿，与幼儿进行言语交流。	● 教师每天都能爱抚幼儿、拥抱幼儿，与幼儿进行言语交流。

续表

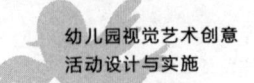

关键词	表现行为描述		
	表现行为1	表现行为3	表现行为5
积极情感	● 教师忽略部分幼儿,不注重与幼儿进行个别交流。	● 教师平等对待每一名幼儿,与婴幼儿进行个别交流。	● 教师平等对待每一名幼儿,以蹲、跪、坐为主的平视方式,与婴幼儿面对面、一对一地进行个别交流。
	● 教师在与幼儿互动过程中,距离较远、语言平淡、情感不饱满,对话交流较少。	● 教师在与幼儿互动过程中,保持乐观愉快的情绪状态,投入地与幼儿一起欢笑,享受开心时光。	● 教师在与幼儿互动过程中,距离亲近,面带微笑,语调抑扬顿挫,与幼儿有效积极的互动,真诚投入其中(对话具有启发性,能够引导幼儿思考和表达)。
	● 教师没有主动与幼儿互动,忽视幼儿的表达表现。 案例:小花已经入园三个星期了,但还是不愿意说话,老师并未关注到小花的个体表现,也未在活动中给予小花表达表现的机会,未对小花进行追踪观察记录。	● 教师以亲切和蔼的态度与幼儿互动,让幼儿能放松地表达表现。 案例:小花已经入园三个星期了,但还是不愿意说话,老师并没有做出强迫等负面过激行为,而是常常面带微笑地向其表示关爱,小花在班级里常常能安静、放松地做自己的事。	● 教师以亲切和蔼的态度、支持性的行为与幼儿互动,让幼儿能放松地表达表现。 案例:小花已经入园三个星期了,但还是不愿意说话,老师并没有做出强迫等负面过激行为,而是常常面带微笑地向其表示关爱,并且请周围的幼儿邀请小花参与到他们的游戏之中,鼓励小花表达与表现。终于有一天,小花开口与同伴交流了。

维度二:敏感的教师

关键词	表现行为描述		
	表现行为1	表现行为3	表现行为5
敏锐观察	● 教师未注意到幼儿在活动过程中的行为表现。	● 教师偶尔观察幼儿在活动过程中的行为表现,并做一些记录。	● 教师一直认真观察幼儿在活动过程中的行为表现,并做必要记录。

续表

关键词	表现行为描述		
	表现行为1	表现行为3	表现行为5
积极回应	• 教师未关注到幼儿的非语言行为。	• 教师偶尔关注幼儿的自言自语,观察幼儿的非语言行为。	• 教师一直关注幼儿的自言自语,观察幼儿的非语言行为,对类似行为予以理解并满足其需要。
	• 教师对即将可能发生的紧急事件,没有判断意识,不会进行一些干预。	• 教师对即将可能发生的紧急事件,能判断并进行干预。	• 教师对即将可能发生的紧急事件,快速判断并进行必要的干预。
	• 教师未能及时注意到幼儿的各种情绪。	• 教师偶尔接纳幼儿的各种情绪,并帮助幼儿了解自己的感受。	• 教师一直接纳幼儿的各种情绪,并帮助幼儿了解自己的感受。
	• 教师未能及时关注幼儿的需求或求助。	• 教师偶尔关注幼儿的需求或求助,给予回应但可能不会有效解决其需求。	• 教师时刻关注幼儿的需求或求助,及时给予回应并有效解决其需求。

维度三:儿童的视角

关键词	表现行为描述		
	表现行为1	表现行为3	表现行为5
顺应需求	• 忽视幼儿自然的生理节律。 *案例*:活动过程中,幼儿想上厕所,老师没有立即让幼儿去,而是要求幼儿等待一会儿,在活动结束之后的集体小便、喝水时间再去厕所。	• 偶尔会顺应每个幼儿自然的生理节律,不催促。 *案例*:一日安排的大多数时候,幼儿想上厕所,老师允许,并不加以催促。	• 一直顺应每个幼儿自然的生理节律,不催促。 *案例*:一日安排的所有时间内,幼儿想上厕所,老师都允许,并耐心等待幼儿,不催促。

续表

关键词	表现行为描述		
	表现行为1	表现行为3	表现行为5
	• 按园所既定一日作息时间表安排幼儿的活动,不支持幼儿生成的活动。*案例*:午餐时间,提前完成进餐的幼儿想要去植物角浇水,但教师不允许。	• 一日作息中能支持幼儿生成的活动。*案例*:午餐时间,提前完成进餐的幼儿想要去植物角浇水,教师允许幼儿自主活动。	• 一日作息从容、有弹性,支持幼儿生成及发起的活动。*案例*:进餐时间,提前完成进食的幼儿想要去植物角浇水,教师允许幼儿自主活动。在活动中,教师还会与幼儿积极互动交流。在区域活动和点心活动的过渡时间,老师都提前用播放音乐的形式提醒幼儿活动即将结束。豆豆专注于在彩泥上"种萝卜",并想要把萝卜都插上,老师并不催促他立刻去洗手,而是充分满足他,并给他完成游戏的时间,等待完成后,再提醒他去下一个活动。
给予机会	• 教师不太了解幼儿的兴趣和能力。	• 教师了解每个幼儿的兴趣和能力,但提供的材料有限。	• 了解每个幼儿的兴趣和能力,给予幼儿自主选择材料、同伴和玩法的机会。*案例*:出于孩子想用盖子来达到泼墨画效果的目的,教师在活动区中投放多元材料供孩子选择,满足孩子想玩泼墨画的兴致和需求。
	• 教师一手包办,很少为幼儿提供自我照护、动手尝试的机会。	• 教师偶尔为幼儿提供自我照护的机会,支持、鼓励幼儿自己动手尝试。	• 教师每天有意识地为幼儿提供自我照护的机会,支持、鼓励幼儿自己动手尝试,让幼儿从自助到自主。

续表

关键词	表现行为描述		
	表现行为 1	表现行为 3	表现行为 5
			解释:自助指的是教师要求儿童依赖成人完成相关任务;而自主更多指的是儿童形成一种自我服务的意识,教师创设好环境,给予儿童一个自主选择的情境,儿童自我完成自我服务的独立状态。 总而言之,自助到自主是一种儿童意识形态的转变,是一种从依赖成人到自己主动自我服务的转变。 **案例**:小西瓜刚入园的时候,每样东西都要求助老师,说"你帮帮我",如开瓶盖、拿东西等,在老师创设的能自己动手的生活游戏环境中,慢慢有了自己尝试的兴趣和机会。对很多事有了"自己来"的愿望。

维度四:发展的支架

关键词	表现行为描述		
	表现行为 1	表现行为 3	表现行为 5
支持探索	● 教师不太了解幼儿的已有经验和游戏意愿。	● 教师能够了解幼儿的已有经验和游戏意愿,及时观察并参与其中和幼儿一起玩。	● 教师能够了解幼儿的已有经验和游戏意愿,发现幼儿对某一事物表现出特别的兴趣时,教师能及时观察并参与其中和幼儿一起玩,提供有效支持。

续表

关键词	表现行为描述		
^	表现行为1	表现行为3	表现行为5
			案例:在玩色游戏中,老师观察到潇潇一直站在角落,便上前询问潇潇的游戏意愿,原来潇潇是很想玩的,只是因为爱干净怕弄脏自己。老师便上前用颜色海绵在自己的手臂上敲了敲,鼓励潇潇也尝试像老师这样在旁边老师的身上敲一敲,利用亲身体验的方式让潇潇感受到玩游戏过程中弄脏也没有关系,从而投入到玩色的有趣过程中去。
	● 教师不主动观察、分析幼儿,较少提供支持。	● 教师根据一段时间的持续观察,分析幼儿,提供支持,使幼儿获得体验。	● 教师根据一段时间的持续观察,分析幼儿的最近发展区、发展需求和困难,提供有针对性的支持,使幼儿获得良好的体验。 **解释**:最近发展区指的是幼儿在有指导的情况下,凭借成人的帮助所达到的解决问题的水平与在独立活动中所达到的解决问题水平之间的差异。
	● 教师会忽视利用一日生活时间与幼儿进行个别交流。	● 教师能利用一日生活时间,与幼儿个别交流,用幼儿容易理解的方式描述正在做的事。	● 教师能充分利用一日生活时间,与幼儿个别交流,用幼儿容易理解的方式描述正在做的事,将学习机会嵌入其中,鼓励幼儿积极表达、分享。

续表

关键词	表现行为描述		
	表现行为1	表现行为3	表现行为5
注重交流	• 教师在与幼儿进行日常对话时,忽视语言节奏,未能依据幼儿的发展水平用适当的语句与其交流。 • 教师会忽视正确的语言规范。	• 教师在与幼儿进行日常对话时,能注意语速稍慢,语句简短,用幼儿理解的语言进行交流。 • 教师倾听并重复幼儿说的话,让幼儿听到正确的语言范型。	• 教师在与幼儿进行日常对话时,语速稍慢,语句简短。在幼儿有兴趣的前提下,能经常引导其多看、多听、多说、多动,增加使用语言的机会。 • 教师倾听并重复幼儿说的话,让幼儿听到正确的语言范型,在此基础上引入新的词汇,帮助幼儿整理语句,丰富言语经验。 案例:教师在与说方言的幼儿交流时,会重复一遍方言,再以标准规范的普通话与其进行交流。

维度一:良好的氛围——悉心关爱,与乐乐平视,是为了更好地倾听及一对一交流。

维度一:良好的氛围——积极情感,与乐乐共同游戏,享受开心时光,使乐乐始终沉浸在游戏中。

维度二:敏感的教师——敏锐察觉,用相机及时捕捉乐乐的表现,并进行记录。

维度二:敏感的教师——积极回应,对于乐乐的自言自语、表情、动作和需要"玩伴"的需求,我也给予了关注与支持。

维度三:发展的支架——支持探索,充分利用个别交流的机会,帮助乐乐描述自己喜欢的事物。

维度三：发展的支架——注重交流，老师的二次回应帮助乐乐整理语句，丰富乐乐的言语经验，为他今后的语言发展提供机会。

最近，乐乐已经进入了托小班衔接期。他的语句越来越丰富了，也更喜欢和同伴一起游戏了，这也是他心理发展的表现，从托班孩子慢慢向小班孩子过渡。

托班教师在户外活动中通过个体追踪、观察，捕捉到了幼儿的成长片段，并由此引发了教师的思考。教师在活动后借助测量性工具《密云路幼儿园托班师幼互动评价表》，对活动中的师幼互动情况进行自我评价，反思自己在师幼互动中的行为表现，并进一步支持幼儿的后续发展。

教师在运用此类评价工具的过程中，不只是依照工具完成某项指标，而是能够根据幼儿个体的年龄、个性、发展，剖析幼儿现阶段的水平，发现幼儿的成长与蜕变，并制定相应的教育策略，使测量性评价发挥其效用。

(二) 表现分析，幼儿发展需求优先

在视觉艺术创意活动中，幼儿常常会与同伴产生诸多的互动交流，体现在语言、动作等不同方面，助力幼儿可持续发展。

案 例

"特别的"娃娃家游戏（托班）

在一次沙水游戏中，托班的孩子们开展了有趣的娃娃家游戏。托班教师通过播放托班孩子的游戏视频，结合《密云路幼儿园托班幼儿发展评价指南》对视频中幼儿的动作、语言进行研讨，分析幼儿能够达到的表现行为，并运用相应策略进行回应，记录如下：

表 10　密云路幼儿园托班幼儿户外游戏区域观察记录表

领域	观察要点	幼儿表现行为	分析	回应策略
动作与习惯	粗大动作	两位幼儿的行为均已达到该项评价指标中表现行为 5 的标准： 1. 花生豆和小梧桐端着脸盆交替上下楼梯； 2. 给娃娃上下涂沐浴露； 3. 提水壶浇水。	因为经常玩这样的户外游戏，孩子们对游戏情节和相关的动作已经熟悉，也很喜欢，相应的情节持续出现。	在保证安全的前提下，继续观察。
	精细动作	两位幼儿的行为均已达到该项评价指标中表现行为 3 的标准： 1. 能打开沐浴露的瓶盖子； 2. 按压沐浴露的泵头，模仿挤皂液； 3. 使用衣架挂衣服。	平时有类似开关瓶盖的经验，孩子们自然而然地就能掌握了。同时，教师提供的材料也很具有生活性，和生活经验息息相关，便于孩子摆弄。	1. 提供类似的材料到其他区域活动中，丰富幼儿经验； 2. 在陪伴游戏的基础上，观察幼儿游戏情节的推进，提供相应的支持。
情感与社会	交往适应	两位幼儿的行为均已达到该项评价指标中表现行为 5 的标准： 1. 花生豆通过语言寻求同伴共同游戏，在花生豆和小梧桐的相互交往中也有矛盾发生。她们因同一个瓶子产生争执。最后，花生豆和小梧桐都做了退让； 2. 花生豆还和寿寿发生过争执，小梧桐进行了劝阻；	1. 两位女孩都是发展得比较快的，在游戏中也很投入，会有简单的游戏情节和情绪情感的出现； 2. 在交往中，已经表现出较好的交往能力。例如，用语言提出要求、救助、相互商量、劝阻等信息。教师也看到两位女孩在游戏中出现了不同的交往角色，花生豆比较自我，主导游戏；小梧桐	1. 参与游戏，在需要解决矛盾时进行介入； 2. 让语言发展较慢的幼儿共同参与到游戏中来，提供相互模仿的机会； 3. 增加适度数量的同种材料。

续表

领域	观察要点	幼儿表现行为	分析	回应策略
		3. 能专注、独立地玩游戏,并对娃娃表现出喜爱和同情的情绪。	相对妥协,能共同游戏。处于这样发展水平的幼儿已经能自己解决小的交往问题了。	
认知与探索	感知发现	两位幼儿的行为均已达到该项评价指标中表现行为5的标准: 1. 知道可以将水装在不同的生活容器中; 2. 通过不同的动作取水、倒水。	通过涂抹按压的动作,倾倒水、把脸盆装满水的动作,感知水的流动性,发现水的特性,教师提供便于幼儿摆弄的材料。	需要增加同种材料的数量,便于每个幼儿都有适量的材料足够使用。
	问题解决	两位幼儿的行为均已达到该项评价指标中表现行为5的标准: 1. 通过再次装水,把娃娃的洗澡水装满了; 2. 看到脸盆变形,各自先尝试解决,再向老师求助; 3. 当看到娃娃被扔在地上时,会提出解决办法。	1. 在游戏中发现问题,尝试自己探究解决或用语言来请求同伴帮助; 2. 用工具或替代物来进行表征游戏(如用水代替沐浴露等); 3. 当上述两种方式都不能解决问题时,最后向老师求助。	师幼共同游戏,教师等待幼儿自己解决,当幼儿需要帮助时,教师适时提供支持。
语言与沟通	倾听与理解	两位幼儿的行为均已达到该项评价指标中表现行为5的标准: 1. 小梧桐通过语言和花生豆进行简单的询问协商。 2. 花生豆能向同伴提出	花生豆的语言已经发展得很好了,在游戏中起着主导的作用,喜欢安排别人的行为;小梧桐的语言发展得较好,能表达自己的想法,但相对比较容易妥协一些,	1. 继续观察,在幼儿需要时给予支持,倾听和重复幼儿说话,适时引入新词汇,帮助幼儿理解、拓展语言经验;

续表

领域	观察要点	幼儿表现行为	分析	回应策略
		自己的需求,并用语言表达自己想要达到的目的。	可以和同伴较好地共同游戏。	2. 邀请其他不同能力水平的幼儿也参与到该游戏中,鼓励幼儿间相互模仿。
模仿与表达		两位幼儿的行为均已达到该项评价指标中表现行为5的标准: 1. 花生豆能模仿出平时妈妈给她洗澡、买衣服时的语言;小梧桐用语言表达了自己的情绪,能够模仿平时老师的指导语言; 2. 两个人互相询问彼此,模仿语言。	可以通过观察幼儿模仿老师和妈妈的语言、动作的行为,看出幼儿平时很善于观察成人并会使用一些简单句和量词、代词。	1. 提供规范的语言模仿范式,用幼儿容易理解的方式进行描述; 2. 利用一日活动,一对一与幼儿交流对话,鼓励和回应幼儿的表达,引导其多听、多看、多说、多动,增加幼儿使用语言的机会。

托班教师根据测量工具《密云路幼儿园托班幼儿发展评价指南》,有针对性地分析幼儿在户外游戏中的发展情况。通过测量性评价了解并掌握幼儿目前的发展水平以及最近发展区,通过对幼儿的表现行为进行细致分析,同时提出回应策略,并结合测量表逐条罗列,清晰明了,以可视化的形式对托班幼儿四大领域的发展情况进行科学、合理的评估。总之,将测量工具应用到具体的活动中,有意识地将测量性评价渗透于日常的视觉艺术创意活动中。

教师持续开展实地观察记录,分析不同年龄段幼儿在视觉艺术创意坊中与材料的互动表现行为,以及不同年龄段幼儿在活动室开展游戏和在游戏各个阶段的实际情况。

审美感知 1:孩子们在日常活动中展现出了对于小动物的热爱之情与探索欲。幼儿感受到材料的美、欣赏同伴作品的美。

表 11　　幼儿观察实录表 1

实　录	分　析
乐乐拿起可爱的小绵羊仔细端详着,他激动地说:"小绵羊好可爱,它需要一件美丽的衣服!"说着,他拿起桌上五颜六色的纽扣,放在了小绵羊的身上,有绿的、红的、黄的,大大小小的纽扣让小绵羊焕然一新。可这时,乐乐还觉得缺少了点什么,他挠了挠脑袋陷入了沉思。 　　他看到桌上摆放了弯弯的小木片,突然有了些许灵感!他尝试将一些小木片放在小羊的腿上。"咦!小羊的腿是灰灰的、硬硬的,跟小木片好像呀!"周围的孩子们听到了他的话也纷纷围过来,十分惊奇又兴奋地看着他的大发现,甚至有孩子称赞道:"我觉得这样很美呢!" 　　乐乐一听,脸上露出了笑容,并将剩下的小木片摆在了小羊的腿上,然后用固体胶将它们黏了上去。就这样,小羊的衣服顺利完成啦,他十分得意地看着自己的作品并说道:"这件小羊的衣服可真漂亮!"	幼儿充分发挥想象,将自己的奇思妙想、个人情感纷纷融入对动物的花花衣的创作中。同伴互动,欣赏并说出自己对美的感受。

审美感知 2:菊花是秋天最具代表性的花朵。玥玥昨天刚去森林公园看了菊花展,马上想到了用五颜六色的彩泥制作各种各样的菊花。

表 12　　幼儿观察实录表 2

实　录	分　析
玥玥是个仔细的小姑娘,她把彩泥搓成细细的一条一条的,然后用这些彩条在垫板上勾勒出一丝丝的花瓣,	做花的方法有很多,每个孩子都有自己的想法与做法。当一个孩子做

续表

实 录	分 析
并组成漂亮的花朵。我及时发现了她的用心,拿起她的作品给大家欣赏,小朋友们直呼漂亮。我追问:"为什么你们觉得玥玥的作品漂亮,和你们的作品有什么不同?"玲玲说:"玥玥是用彩条拼起来的花,我觉得很漂亮,像画出来的一样。"我接着说:"玥玥刚才很仔细地观察了菊花的图片,所以做出来的菊花就像真的一样,真棒!" 看了同伴的作品,宸宸也得到了启发,开始把彩泥搓成条做花朵。不同的是,他是将彩条一圈一圈围绕并堆积上去,做出的效果倒也给大家带来了惊喜。伊伊说:"宸宸做的花蕊是凸出来的,我们都是平的,她和我们不一样。"我点头说道:"是呀,用彩条一圈一圈围绕着堆起来,就会产生立体的效果。"	出了比较成功的作品时,老师及时发现并在集体中组织交流、学习。这既是对孩子作品的肯定,也是对其他孩子的启发。

审美感知 3:幼儿欣赏了朱塞佩《鲁道夫二世肖像》,在自己的创作中也迁移了相关经验。

表 13　幼儿观察实录表 3

实 录	分 析
孩子们尝试在空白的硬板纸上创作小人。先请一个小朋友躺在硬板纸上,围着身体的轮廓进行勾勒,有了大致的人物造型后,再进行"有趣的小人"的创作。 晶晶负责装饰小人的头发,她拿来了很多绿色藤叶以及紫红色的干花,用藤叶做出了小人卷卷的发型,用干	孩子们欣赏了朱塞佩的《鲁道夫二世肖像》,名画中人物的造型是由各种蔬菜水果摆放组合而成的。孩子们通过观察发现,在摆放的时候要注意物体的形状,比如用胡萝

续表

实　录	分　析
花装饰发型。新新和辰辰负责装饰小人的上半身，用银杏叶做她的披肩，用红色的落叶做她的半身裙。卿卿则拿来麦穗做她的草裙。最后，孩子们还用树枝给人物加上了手，还在耳朵处加上了"珍珠耳环"，把小人打扮得更加美丽。	制作鼻子时，要上窄下宽；葡萄和麦穗这种数量多且密集的食物可以用来做人物的头发。

创意表现 1：装饰完树叶后，幼儿想起了户外游戏中的小房子，他们想到要用这些树叶来装饰一下这个小房子。

表 14　幼儿观察实录表 4

实　录	分　析
孩子们在完成了小房子的屋顶后都很高兴，并且有的孩子说："这样它就不是光秃秃的了。"	孩子们能够用自己的想法来装饰游戏器材的屋顶，是创新力的表现。

创意表现 2：幼儿用树叶和轻泥制作了树叶小人，并通过添画想象故事场景。

表15　幼儿观察实录表5

实　录	分　析
耀耀找了两片小小的树叶，往纸上一贴，就开始拿起白色的轻泥揉搓起来。 　　他用白色的轻泥做出了牙齿和眼睛的眼白，用黑色的轻泥做出了眼珠，还用红色的轻泥做出了红红的小嘴巴，再用彩笔添画上手和脚。制作完成后，还在两个树叶小人之间画了一个圆圆的球，说是两个小人在玩踢足球的游戏。	幼儿平时对美工活动不是很感兴趣，对画画也没有很大的耐心，通常是随便在纸上涂几笔就草草了事，但是在这个创意内容中，他却始终非常专注和投入。

创意表现 3：深秋入冬之际，是幼儿园操场最漂亮的时候，孩子们在运动时自发地想要去探索秋天的树叶的秘密，他们被秋日飘落的金色树叶所吸引。顺应幼儿的主观意愿，他们想要捡一些树叶带回教室来装饰班级，但是仅仅将树叶放在篮子里观赏已经远远满足不了大班幼儿的审美欲望了。"如果在教室里也能有一片漂亮的树林就好了。"

表16　幼儿观察实录表6

实　录	分　析
瑶瑶说："这是我捡的树叶，我想变一个树叶笑脸。"菲菲说："我也捡了一片，不过和你的不一样，我的是金色的。我想把它变成一棵大树的造型。"雨雨说："怎么变	幼儿发现了一些问题，并尝试自己去思考和解决问题，最终完成了小树林的设计。

续表

实　录	分　析
啊?"菲菲说:"就是把它竖起来就行了呀!"于是,她立刻拿起树叶竖在了画纸上,可是显然光靠树叶是站不起来的,要用什么东西来固定呢?胶棒?轻泥?还是双面胶?或者其他的工具?孩子们又进行了一番讨论,他们各自尝试着不同材料的不同方法。 菲菲用轻泥黏住树叶的底端,一下子就将纸盘里的树叶撑着竖了起来,瑶瑶发现这样并不牢靠。于是,她也拿起了轻泥,但她没有用来黏树叶而是黏了一些树枝,菲菲看到后说:"我可以在树枝上将轻泥做成小叶子呀!"雨雨尝试着模仿其他两个孩子,将树枝、树叶、轻泥和胶棒组合起来使用,很快三个孩子都完成了小树林的创作。	

创造表达 1:幼儿正在装扮一个蹦跳起来的小人造型,先把小人的五官装扮出来,然后根据小人的动作造型,想象他可能在做什么。

表 17　幼儿观察实录表 7

实　录	分　析
辰辰说:"我觉得他在跳舞,你看他把两只手都举得高高的,脚也跳起来了,一看就很开心的样子。" "那他在哪里跳舞呢?" 新新和辰辰环顾创意美工室里的材料,将目标锁定在了稻草上,新新抱来两桶稻草,摆放在小人的脚下。 "这些稻草是干什么的?" 新新:"小人在农田里跳舞,稻草就是庄稼呀!" 随后,两个孩子又用蛋糕纸装了很多马赛克放在小人的手的位置处。 "这一张张蛋糕纸是什么意思?"	孩子们没有装扮小人的衣服,而是将重点放在了场景的创设上,让画面有了故事感。

续表

实　录	分　析
辰辰:"他跳舞跳累了要吃饭了,要吃好多好多碗米饭!" 新新:"这些米饭都是他自己农田里种的,大丰收了!"	

创造表达 2:幼儿用语言和绘画的方式表达了自己的想法,在与同伴的互动中展现出想象力,逐步丰富自己的想法。

表 18　幼儿观察实录表 8

实　录	分　析
等我回到他那里的时候,发现又多了一个圆的图案。我问他:"这是什么呀?"他说:"是地球。"他正准备给地球上色,手里还拿着黑色的笔,耀耀看见了说:"地球不是黑色的哦,地球是蓝色和绿色的。"卿卿问:"为什么呀?""因为地球上多半是海洋,还有森林和陆地呀!"耀耀回答道。"对哦,那我涂蓝色和绿色"。等我一圈看完回来,发现他又画了一个圆形,我就问他:"怎么又有个圆的呢?"他说:"还是地球呀!""那哪来的两个地球呀?"我追问道。"这叫真假地球。"他回答道。我又问,"那你是怎么分辨真地球和假地球的呢?"耀耀抢着说:"我知道的,因为真地球蓝色多,海洋比陆地多"。卿卿说的是对的,于是他给假地球涂色的时候,明显绿色多、蓝色少。	幼儿回应同伴的提问,清晰地说出自己的想法,给出的理由有较强的逻辑性。在互动中形成了新的想法,明确表达出了自己的观点。

(三) 观摩反思,幼儿发展规律优先

作为多元评价的一方,教师在表现性评价中也能够成为评价者或评价对象。在开展视觉艺术创意活动时,教师同时关注自身的教学能力、水平等对幼儿发展的影响,会使下一次的教育更有成效,从而助推教师专业化成长。

案 例

户外游戏中教师的自评与他评(小班)

在户外游戏开展前的"艺术畅聊"环节,小班幼儿通过观察图片,说说春日里景物的特征,迁移自身已有的感性经验。

在孩子们畅所欲言时,小一班的老师们敏锐地捕捉到了幼儿对于春日景物的兴趣,并结合多元材料,因地制宜,打破空间限制,将户外涂鸦游戏与视觉艺术创意活动相结合,并组织开展了幼儿喜爱的系列活动。

活动前,教师收集孩子们的兴趣、热点,与孩子们一起商讨出了通俗易懂的活动方案。孩子们与老师一起在操场中捡拾自然物,寻找自己想要使用的工具,在操场上布置成自己喜欢的场地与环境。

在活动开展的过程中,带班的两名教师也用手机对活动情况进行了记录,拍摄了相关照片与视频。活动结束后,带班教师则根据当日的户外活动情况,填写户外活动观摩记录表,结合相关指标对自身组织的户外活动开展自评、反思。同时,自评结束后,请幼儿园中的其他教师、行政人员对活动进行他评,填写他评分数,提出反馈意见,形成户外活动观摩记录表并进行汇总。

对于活动中的各方面评价,围绕幼儿这一主体开展,并结合实际进行科学、综合、全面的评价。

表 19　户外活动观摩记录表

听课者:张思易

班级	小班	执教者	黄晶禹、徐佳莹	日期	2023.4
活动名称	户外游戏					

活动设计

一、活动目标

1. 结合不同材料,在玩一玩、做一做中用多种方式展现春日美丽的风景。
2. 感受春天的美好,表达自己对春天的喜爱。

续表

二、活动准备

1. 经验准备：了解春日的美景。
2. 物质准备：沙水、轻泥、颜料、瓶子、长卷、工具、纸箱片、自然材料。

三、活动地点

户外操场、沙水池。

四、活动内容

活动一：沙水探宝

1. 幼儿在沙水池中用不同的工具盛水、挖沙。
2. 幼儿在沙池里挖宝藏。
3. 同伴欣赏彼此的创作。

活动二：森林旅行记

1. 幼儿用轻泥在纸箱片上制作森林里的小花、小草、树枝等小生命。
2. 将用轻泥制作而成的成品放置在纸箱片上。
3. 用漂亮的干花装饰纸箱片。

活动三：有趣的水瓶

1. 幼儿将颜料滴入水瓶中，让水瓶中的颜料在长卷上滴出不同的造型和形状。
2. 与同伴参观、分享自己的作品。

活动四：绘趣纸伞、纸扇

幼儿在纸伞、纸扇上画春天里的花和小朋友们的故事。

五、观察重点

绘趣纸伞、纸扇：幼儿在纸伞、纸扇上画春天的花和小朋友们的故事。

评价内容及标准（自评）	自评分数	他评分数
时间安排	1. 每日游戏时间保证。（5分）	5	5
环境与器材	2. 场地有利于引发幼儿多种探索欲望，有幼儿能与之互动的游戏环境。（5分）	5	5

续表

评价内容及标准(自评)		自评分数	他评分数
	3. 环境安全,符合本班幼儿的年龄特点、兴趣与需要,并保证创造性游戏的持续开展。(10分)	9	9
	4. 材料丰富且适宜(观察自然材料、低结构材料的丰富性;观察象征性材料的年龄适宜性)。(10分)	8	8
观察与回应	5. 尊重幼儿的意愿和想法,支持幼儿自由探索,并始终有安全感。(10分)	10	10
	6. 观察幼儿的表现,理解和看懂幼儿的游戏行为,以持续且适宜的方式回应幼儿的个体需求。(20分)	16	17
	7. 教师的指导具有引导性和启发性,支持游戏的开展。游戏过程体现教育整合的思想。(15分)	14	14
	8. 当幼儿对某一事物表现出特别的兴趣时,教师能参与其中,和幼儿一起玩。(10分)	10	10
幼儿表现	9. 能积极投入游戏,神情放松愉快,表达积极主动。(10分)	9	9
	10. 幼儿有交流,会运用语言。(5分)	5	5
总分	100分	91	92

反思(请围绕材料准备、过程指导、交流分享、幼儿核心素养的发展、出现问题时的临场把控以及产生的困惑等,谈谈自己的想法)

  幼儿在沙水游戏中十分投入,能够运用不同的工具进行搭建,并且能够在沙池中挖宝藏,和同伴一起建构。幼儿也会大方、自信地与家长们分享自己的新发现,认真探索,不受影响。在游戏中,幼儿能够充分运用场地、多元材料进行创作,发挥自身的想象力,也能够与同伴展开初步的合作。在游戏分享环节,幼儿能够与同伴、家长、教师分享自己的森林作品,如运用了什么材料,制作了什么,表达了什么,能够清晰、完整地表达。在绘趣纸伞、纸扇的过程中,幼儿也十分投入,并与伙伴产生互动。

反馈建议(围绕核心要素、教师的语言品质、幼儿表现、活动亮点等提出改进建议)

  在活动中,教师设计的内容符合幼儿的年龄特征,幼儿在活动中十分投入。在户外游戏中,较好地促进了幼儿大肌肉与小肌肉动作的发展,幼儿也多能参与其中,尤其是在沙水游戏中。在游戏分享过程中,幼儿也能够大胆地在伙伴、家长、教师面前分享自己的作品。此外,教师在整个活动中的组织也是井然有序的,能照顾全体幼儿发展水平和个体幼儿发展水平之间的差异,有针对性地适时指导,并在活动中助推幼儿发展。

在教师户外活动观摩记录表的自评与他评环节中,教师结合评价指标,对自身开展视觉艺术创意活动的情况进行合理评估。在自评中,教师能够较好地了解自我的专业水平情况,发现问题、解决问题,反思自身行为,使活动更加趋向以幼儿为主体;同时,他评能够凝聚集体的力量与智慧,博采众长、提升经验、互相学习,提升教育理念、提高教学能力,从而促进幼儿在活动中的发展。

教师的自评与他评测量工具实现了评价主体的多元性和评价方式的多样性,让评价不只是局限于单一的个体。在评价过程中,更多追求的是判断与思考,深挖教育现象背后的本质,从而更好地作用于活动与幼儿,充分发挥评价的效用性,促进各方的协同成长!

三、档案袋评价:看见"成长"

在幼儿园实施评价的过程中,单一的教师评价主体对于幼儿的观察了解还不够充分,家长参与评价能提供更多幼儿自然、真实的表现,而幼儿成为评价的主人,参与评价过程则能激发幼儿的自我意识,推动幼儿主动学习,提高幼儿的反思能力。多元化的主体协同评价能够更全面地观察、了解幼儿,为幼儿提供更好的教育支持。

在我们幼儿园里,有着一本专门记录幼儿艺术活动的"成长档案",里面包括幼儿个人的个性封面、幼儿喜欢的艺术家或艺术作品简介及幼儿一学期的艺术作品。开学初,教师通过家长会引导家长和幼儿一起共同制作幼儿的个性封面;学期中,教师带领幼儿进入艺术的殿堂,同时会引导家长带着幼儿一起去艺术馆参观,让幼儿认识、欣赏艺术家及艺术作品,学会欣赏感知及动手创作。

"成长档案"可以说是记录了幼儿某一时期在艺术创意活动中的"成长故事",是评价幼儿进步过程、努力程度、反省能力及其最终发展水平的理想方式,也是幼儿成长经历的宝贵记录。

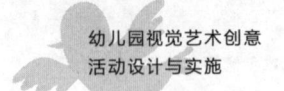

(一) 鼓励自评,理解幼儿的规则

案 例

你不能把颜色涂出去(大班)

在我们班级里,档案袋是随时可以自由翻阅的,里面的内容也是孩子自主选择存入的,他们在幼儿园中创作的作品,可以自主选择将其带回家、放入储物筐中,或是放入成长档案里。

教室里的成长档案旁边,放置了很多的小圆点,孩子们可以互相欣赏同伴的档案,并给予点赞。

有一天,我听到辰辰在对轩轩和小洲说:"你们也给我点赞(贴纸),要不然我告诉老师你们在互相贴,都贴了好几张了。"

分享成长故事

"不是,我真的觉得他画得好啊。"小洲看了看我小声地跟辰辰说。

"可是你们都要把贴纸用完了。"辰辰看了看我,看我没有干预,又转过去跟轩轩和小洲说:"你们就给我贴一张呗。"

轩轩想了一想说:"那你把你的档案给我们看看,我给你贴一张。"于是,辰辰很高兴地拿出了自己的成长档案。

"你画得太乱了,看,颜色都涂在外面了。"

"看,这幅还可以啊,以后我再也不会涂出去了,你就给我贴一张吧!"辰辰着急地翻着自己的本子,找到了一页。

"行,你不能把颜色涂出去啊。"轩轩拿起一张贴纸给辰辰贴了上去。辰辰满意地笑了。

对自我的清楚认识是促进个体发展的重要素养,档案袋有利于幼儿了解自己。一方面,档案袋是一个幼儿全程参与的过程,为幼儿进行自我反思提供了机会和条件。比如,在建立档案袋的过程中,幼儿决定将哪些内容放入档案袋时,以及在幼儿查阅档案并对自己以前的和现在的作品进行比较的时候,都为幼儿反思自己的成长变化提供了条件。另一方面,档案袋评价是一个教师、家长和幼儿互动、交流的过程,外界环境中的人员在与幼儿互动的过程中,反馈了幼儿的发展表现,为幼儿提供了反思和判断自己的进步与努力的可能。

(二) 转变观念,倾听幼儿的创想

案 例

蹦蹦的涂鸦(中班)

蹦蹦还很喜欢画画,可是……据蹦蹦的爸爸介绍,自从幼儿园给每个小朋友准备了成长画册以后,蹦蹦很想把他的成长画册贴满作品。所以,周末放学回家,他就大干了起来,一个人坐在书桌前持续画了两个多小时,一口气完成了二三十幅作品,这份坚持让身为大学教师的爸爸都被深深地感动了。

可是,蹦蹦的爸爸心中一直有一个困惑,儿子这么喜欢画画,平时也经常在家涂涂画画,为什么画画的水平却那么差?作品实在叫人难以恭维。

听了爸爸的困惑,我宛然一笑,"蹦蹦画了那么多,那你知道他画的是什么吗?"

"这倒没有,太乱了。"他回答道。

"可是我发现其实蹦蹦是一个很有创意、很有想法的孩子哦。"

"你看,这是我记录的孩子对作品的想法,在表述的时候,蹦蹦语言表述清晰,也很有想法,这对于一个刚上中班的孩子来说已经很优秀了。确实光看图片,很难看出他想要表达的意思,但是蹦蹦只是一个4岁的孩子,他的手部小肌肉功能还不完善,但仔细欣赏他的画作,尤其是听他讲一讲他的绘画故事,不难发现他的每一幅作品都非常有自己的想法。儿童画是童年成长的脚印,每一个儿童都遵循着儿童绘画发展的必然规律:涂鸦期——象征期——图式期——写实期,并按照这一规律持续性成长。儿童涂鸦不仅是一

种美术活动,更是孩子认识世界、表达自己的感受、获得肯定的一种成长方式。"

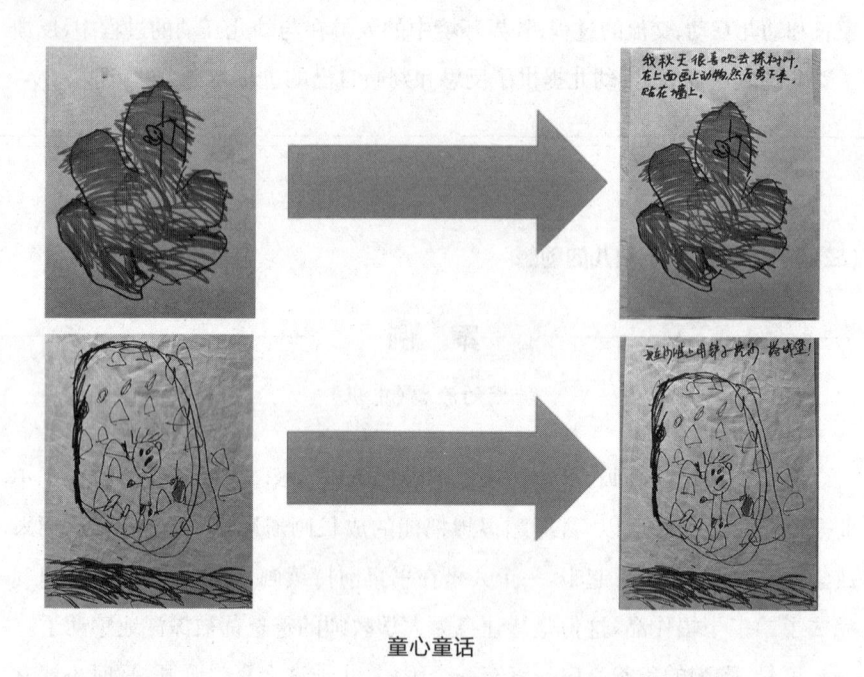

童心童话

听了我的话,蹦蹦的爸爸连连说对,并表示以后会帮蹦蹦在每一幅作品中写下蹦蹦的创作内容和想法。

《幼儿园教育指导纲要(试行)》曾指出,"家庭是幼儿园重要的合作伙伴,应本着尊重、平等、合作的原则,争取家长的理解、支持和主动参与,并积极支持、帮助家长提高教育能力。"家庭是幼儿发展中影响最大、最直接的微观环境,作为幼儿最早接触的社会环境,它对幼儿发展所起的作用是其他因素难以比拟的。家长的正确评价直接影响幼儿在艺术创意活动中的积极性。

四、差异性评价:看见"个性"

多元化的评价手段和关注幼儿的表现已成为教师的共识,其中,差异性评价注重幼儿的无限可能,让每一个幼儿被真正"看见"。每一名幼儿都是独特个体,有着不同的个性与性别特征。对于每一个不同的个体,我们使用差异性评价,通过评价我们可以更全面地了解每个幼儿的潜能和特长,尊重幼儿在年龄特点、个性特征、性别等方面的差异。在实际开展活动的过程中,通过此类评价方式,帮助幼儿更好地认识自己,为他们的未来发展提供更好的支持和指导。那么,在幼儿园视觉艺术创意活动中,我们可以怎样对幼儿进行差异性评价呢?

差异性评价能够较好地发掘幼儿在活动中所展现出的闪光点,理解幼儿发展的本质。在差异性评价中,有差异的评价主体共同参与,并对幼儿发展中的差异进行评价,在过程中借助各种不同评价手段,让每一位幼儿都能在成长之路上闪闪发光。

(一)理解"差异",适时鼓励

在活动中,每位幼儿的兴趣点和游戏水平都是不同的,教师要允许幼儿存在个体差异,并学会等待。有的幼儿虽然一开始对游戏有兴趣,但是他不敢玩、不会玩。老师不应该马上介入,而是要先观察,在游戏过程中,老师可以及时肯定幼儿的闪光点,并进行鼓励和引导,提升幼儿自主探索游戏玩法和解决游戏中的问题的能力,以此来进一步丰富幼儿游戏经验,提升幼儿的游戏自信。

案 例

去飞吧,小蝴蝶(小班)

言言是一个小班的孩子,平日每天来园后,大部分时间都游离在集体之外,有时呆呆地看着同伴游戏,有时左顾右盼似乎在寻找着什么,但很难投入到集体活动中,和同伴之间的互动很少。每当到了教室自由活动的时候,大部分孩子都已经会和伙伴共同游戏了,可是言言却始终一个人游戏,与他人没有任何交流。当老师要与他说话时,他也总是持回避的态度。我注意到了这个情况,尝试有机会就和他多说说话,通常他会用简单的语言回应我,但眼神始终是逃避的。不过,在前不久的户外表演游戏中,我看到了不一样的言言。

片段一：

今天我们来到户外操场，开展"寻春日美"系列活动，言言一来到操场就被和平日不一样的场景创设给吸引住了！只见他先是站在郁金香的背景前驻足了很久，当他看到自己和爸爸妈妈一起制作的蝴蝶翅膀被陈列在装扮区时，他立刻走了过去，主动拿下自己的蝴蝶翅膀并尝试把它背在自己身上。可是，试了好几次都只背上了一只翅膀，正在他无助的时候，同伴晴歌走到了他的身后，帮他拽住一根绑带用力套进了他的手臂。终于背上翅膀的言言的脸上露出了喜悦的表情，低着头用非常轻的声音对晴歌说了一声"谢谢"。

对照《上海市幼儿园办园质量评价指南（试行稿）》，我发现：面对新环境时，言言能适应所发生的变化，愿意参与活动。言言能使用"谢谢"等合适的礼貌用语，但同时，从乐乐不直视同伴的行为中可以看出，言言说话时不够自然、大方。在片段一中，言言多次佩戴蝴蝶翅膀失败后，也不向成人或同伴表达自己的需求与感受，由此可以看出言言自我意识薄弱，不能自主表达需求。

片段二：

背好翅膀的言言，紧跟着晴歌来到了T台走秀区。"小模特们"一个接着一个跟着音乐展示了起来，马上要轮到言言时，他有点胆怯了，但在同伴们的催促下，言言还是在音乐的带动下学着同伴的模样走了出去。走到T台的一半就停下了脚步，转头不敢面对观众，"言言走过来！要走到前面来！"看着迟迟不肯走向前的他，小观众们着急了。在同伴的指引下，言言捏着小拳头小心翼翼地走到了T台的前方。"你做得很棒！你是只很勇敢的小蝴蝶！你可以再来一次，让大家欣赏一下你的蝴蝶翅膀哦！"看到他能跨出这一步，我马上给予了支持和肯定。这下，言言更开心了，只见他很快绕到了背景前，又一次跟随着音乐节奏走了上来。不仅如此，他还模仿小伙伴停在T台前方摆了个喜欢的姿势，"你现在真是只快乐的小蝴蝶，等会带着好朋友一起走过来哦！"趁着他来了兴致，我继续丰富他的游戏玩法，鼓励其尝试不同的走秀方式。"你们一起走上来吧！"在我的提示下，第三次，言言和晴歌一起走上了舞台，并在镜头前留下了最可爱的微笑。

我继续对照《上海市幼儿园办园质量评价指南（试行稿）》中的"人际交

往,愿意与人交往,能与同伴友好相处"这一条,相比第一个片段中的表现,我明显地发现言言从表现行为1"愿意与同伴共同游戏"发展到了表现行为3"喜欢和同伴共同游戏"。在"学习习惯,做事专注、坚持"这一条上达到了表现行为3"遇到困难时,在鼓励下能继续进行活动。"在"自我意识"上达到表现行为1"能为自己取得的活动成果感到开心。"

从这次表演游戏可以看出,言言是很喜欢装扮及表演游戏的,当他在表演的时候,他的脸上洋溢出了以往从没有过的快乐与自信。虽然第二个片段中他并没有与他人进行语言互动,但是从他接受同伴的意见,喜欢同伴的鼓励,以及最后能主动与同伴一起表演就能看出他有了主动交往、互动的意愿。因此,我们作为老师之后也应该在一日活动中做一个有心人,在轻松的游戏环境下观察言言的兴趣所在,以兴趣为切入口为其提供一些交往的机会。

对幼儿进行全面、系统、多维度的评价有助于我们了解幼儿的发展需要和特点。通过差异性评价,我们可以发现幼儿的强项和弱项,了解他们在语言、社交、动作、情感、创造性思维、学习能力和饮食习惯等方面的特点和需求。这为我们教师和家长提供了宝贵的信息,为我们有针对性地制定教育计划提供支持。在上述案例中,教师根据观察,结合《上海市幼儿园办园质量评价指标(试行稿)》对言言进行了详细、全面的评价,并在分析的基础上开展针对性指导,可见效果是比较明显的。

(二) 借助"差异",引发合作

在进行差异性评价时,我们要善于发现幼儿之间的差异,注重对幼儿的鼓励和引导,帮助他们建立自信心,激发他们对视觉艺术创意活动的兴趣。同时,也要关注他们在创作过程中遇到的问题,及时给予帮助和指导。

案 例

大灰狼与小白兔(中班)

幼儿园里新增设了光影工坊,孩子们在玩影子的过程中从不同的角度认识影子,感受影子的调皮与神奇,初步了解了光源与影子的关系。

片段一:

在一次游戏中,依依和子衿、钦钦一起来到了光影工坊。只见子衿打着手电筒,钦钦用手做了一只小白兔,依依看到后用手做了一只狼,嘴里还喊了一声"啊呜"。接着,她们三人都笑了起来。在分享环节,我请她们三人分享了这个游戏。

听完依依她们这个简单的手影故事后,底下的孩子们纷纷发言。"我会做大老鹰,可以抓小兔子。""我要做大老虎,吃掉大灰狼。""那我要保护小兔子。"……

分析:从幼儿的活动中可以看出,孩子们对这个狼吃兔子的故事很感兴趣,但是能做出来的手影动物却不多,主要就是老鹰、兔子和大灰狼,故事的完整性也不够,只是几句对话。对于大班的孩子来说,应该可以尝试创编简短且完整的故事情节了。

支持:鼓励幼儿根据自己的想法创编自己的手影故事。

片段二:

在老师的鼓励下,依依和钦钦的小组增加了新的成员,她们开始了研究。她们先是讨论有哪些动物,可是她们发现,很多动物手势她们不知道该怎么做。怎么办呢?"我们先用我们会做的动物吧。"依依说道,"你们都会做什么?"

"我会做兔子。"钦钦说。

"我会做小狗。"淇淇说。

"我不会,我就打手电筒吧。"子衿说。

"我会做鸭子。"宁宁说。

"我会大灰狼。"依依说,"那我们先就这些动物编一个故事吧。"于是,她们编了一个故事,依依用画画的形式表现了出来。

在下一次的光影工坊中,她们开始了表演。更多的动物让故事情节增色不少。

分析:我发现依依、子衿和钦钦三人的合作能力较强,能分工合作,特别是依依，占主导位置。但是，手影的技能技巧水平并没有提高。同时，在观察她们的游戏时发现，游戏的背景还是比较简单的，甚至可以说没有。

支持：再一次进行分享，引导班级内的同伴给予支持。

片段三：

在依依她们第二次分享后，我问所有人："你们对这个游戏有什么想法和问题吗？"这时，理理提了一个问题："你说小白兔躲在大树下，可是大树呢？"

"我们可以画一棵大树。"依依想了想说。

"我也想参加游戏，我想做大老虎，但是我不会做。"轩轩说。

"那你可以学啊，回去让妈妈上网查一查不就行了。"麟麟告诉她。

于是，接下来的几天，孩子们开始画一些背景：大山、大树、石头。当她们把画好的东西拿到光影工坊时却发现了两个问题：一是虽然已经画得很大了，但在一整面墙上还是显得很小；二是无法固定，贴在墙上没有影子。最后，她们决定再画得大一点，并用棒子进行支撑。

期间，她们还尝试在风景画中加入人物，后来又尝试用固定物将背景固定在场地中间……

在活动的后期，她们还学到了更多的动物手势，原来是依依回家后跟家人提过手影游戏，妈妈帮她打印了一些，她带到幼儿园来和同伴们一起学习。整个故事里的动物多了起来，故事情节也越来越丰富……

在整个活动中，教师通过观察，发现了不同幼儿在兴趣爱好、观察能力、创造力、技能技巧、合作能力等方面的不同能力，于是在幼儿分享中通过提出一些问题，鼓励和推动、顺应幼儿的兴趣需求和发展需要，充分赋权，通过材料引发、问题支持、耐心等待等方式，和幼儿共同进入光影探秘的游戏世界。

（三）顺应"差异"，激发可能

在进行过程性评价时，我们要注重对幼儿的鼓励和引导，帮助他们建立自信心，激发他们对视觉艺术创意活动的兴趣。同时，也要关注他们在创作过程中遇到的问题，及时给予帮助和指导。

案 例

蹦蹦的"哇"时刻（中班）

　　光影工坊里新增了自制的光影桌，小朋友们说可以在光影桌上玩拼画的游戏。为此，大家一起到操场上捡拾了一些自然材料——树枝和树叶，并收集了木棒、木块、木片、毛线、绒球等美术材料。

　　游戏活动的时候，蹦蹦主动来到光影桌前玩拼画。只见他将彩色毛线围成一个圆形做身体，下面加上两根木棒做脚。紧接着，他又用了一根木棒做头颈，但是他调整了好几次木棒的位置，始终不满意头颈部分的造型。于是，我提醒他不满意的话，可以换其他的材料再试试。比如，将几个短一点的材料拼在一起，也可以做出长长的效果。最后，蹦蹦在试了几种不同的材料后，选择用三根小木棍拼出了可以弯曲的头颈，加上用活动眼睛和宝石做的嘴巴，一只长颈、长腿、体大、头小的鸵鸟就拼画完成啦！

可爱的鸵鸟

　　客人老师来观摩小朋友们的游戏活动时，蹦蹦大方、自信地向客人老师介绍了自己的作品。当客人老师看到长长的头颈，故意问他："这是长颈鹿吗？"他还认真地向客人老师指出，"长颈鹿是四条腿的动物，这是两条腿的鸵鸟。"在受到客人老师的夸赞后，他又高兴地跟客人老师介绍起自己喜欢动物，平时经常去动物园游玩，只要是他认识的动物，他都能拼画出来。

第二天活动时，蹦蹦又来到光影桌前。他说，今天他要来拼画昨天客人老师说到的长颈鹿。这次他依然选用彩色毛线做身体，用木棒做了长颈鹿的四条腿。用圆木片制作了头颈，用树叶和绒球做了长颈鹿的头和眼睛。他说长颈鹿喜欢吃树叶，所以他又用树枝和树叶在长颈鹿的前面拼出了一棵树。瞧！长颈鹿伸着长长的脖子正在吃嫩嫩的树叶呢！

一旁的杨余祎看到蹦蹦拼画的动物作品后也想来试试，她决定拼画一头大象。蹦蹦见状就和杨余祎一起合作，先用木棒勾勒出了一个倒梯形的身体，再用短木棒分别做出了大象的四肢、长鼻子和尾巴。蹦蹦说大象的耳朵很大，所以他们找了一片圆圆的树叶做耳朵，一头体型庞大的大象就生动形象地展现在眼前了。

大象吃苹果

分享交流时，蹦蹦迎来了自己的"哇"时刻。小朋友们一看到蹦蹦的作品照片就马上看出来他拼画的是什么动物了，纷纷表扬蹦蹦拼画得太好了，蹦蹦听了大家的夸赞高兴极了。

案 例

《1只小猪和100只狼》（中班）

在自由活动时，晶晶在看绘本《1只小猪和100只狼》，有趣的故事情节吸引着她，她也想和伙伴们分享。于是，她和全班小朋友讲了这个令人捧腹的故事，孩子们都很想在表演游戏时表演这个故事。在接下来的一段时间内，总能看到孩子们在表演时的高涨热情。

可是，在表演了几次以后，有些孩子对于反复表演同一故事的兴趣减少了许多，纷纷选择了表演其他内容。

但男孩们这一组还是非常热衷于表演此故事，因为其中有追逐的场面。此外，男孩子们也在表演中增加了一些自己的想法，使故事变得独特而有趣。例如，把"小猪逼到树前"这一部分，他们换成了当狼快要抓住小猪时，小猪就倒地装死，然后狼就围着小猪争论起来，有的说："小猪被我们吓死了，我们把它拖回去吧"。有的说："死了的小猪不好吃，算了，我们再去找别的食物吧"。

孩子们在表演中碰撞出了新的火花，一次又一次的改编并没有让他们感到厌倦。看到男孩子们的表演，我及时肯定了他们的表演，并把改编后的故事通过个别经验分享的形式分享给了集体。

在观摩了这一组男孩子们的改编后，其他的男孩子也对此类故事产生了兴趣，他们开始尝试通过改编故事的结局来增添故事表演的兴趣，并创作了表演用的头饰。

表演游戏

在视觉艺术创意活动中，教师在观摩幼儿活动时会发现男孩、女孩的兴趣点有时并不一致。例如，在一些有关军事类、科探类的视觉艺术创意活动中，我们常常能够看到男孩的身影。在这个案例中，起初表演游戏受到了全班幼儿的追捧。但是，在游戏后续，女孩们的兴趣减弱，男孩们则因为对绘本故事中的追逐环节很感兴趣所以并没

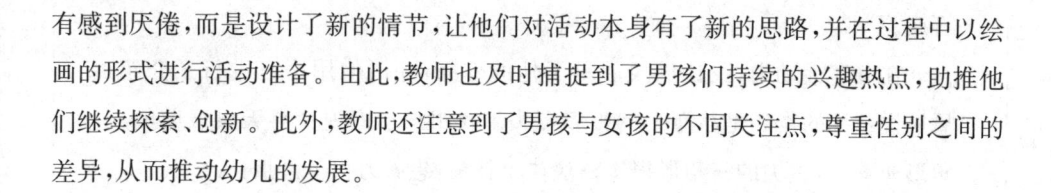

有感到厌倦,而是设计了新的情节,让他们对活动本身有了新的思路,并在过程中以绘画的形式进行活动准备。由此,教师也及时捕捉到了男孩们持续的兴趣热点,助推他们继续探索、创新。此外,教师还注意到了男孩与女孩的不同关注点,尊重性别之间的差异,从而推动幼儿的发展。

五、激励性评价:看见"自信"

在教学中对幼儿给予激励,能够帮助他们逐步形成自信、自立、自强的健康心理。幼儿的点滴进步都应及时予以表扬和奖励,让幼儿学会欣赏自己;同时,还需要引导幼儿学会欣赏他人。激励评价是一种重要的教育手段,能够帮助幼儿树立自信心和自我认知,促进幼儿的全面成长,营造一种积极的文化氛围。

(一)及时反馈,接纳各种感受

在幼儿园中,语言激励评价包括口头表扬、小奖励、小奖状、书面表扬等多种形式,可以是针对幼儿个人的表现,也可以是针对团队协作、课堂表现、创造力、沟通能力等多个方面的表现。

案 例

我不会(大班)

在一次美术活动中,我让孩子们用剪刀剪出三角形,并进行拼贴创意组合。时间到了,我看到辰辰剪下了几个三角形,但是并没有将其贴在底板纸上,也没有组合成任何东西。我问他:"你怎么还没有贴啊?"他说:"我不会。""没关系的,你想怎么贴都可以,我看你三角形剪得很好啊,你贴上去就可以了。"旁边的瑶瑶看到了,也说:"随便贴,没关系的。你看我,很简单的,我帮你贴吧。"辰辰看着我说:"随便贴没关系对吗?""是啊,你只要说出你贴的是什么就可以了。"辰辰看旁边小朋友都完成了,他就拿起固体胶贴了起来。他把三角形一个个并排在一起,告诉我说:"这是石头。""可以啊,地上有很多的

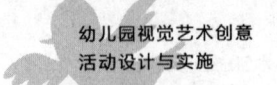

石头。"

在分享活动中,我让辰辰展示了他的作品,并请他用语言进行了介绍。辰辰说:"我的作品是沙滩上的很多石头。"我跟孩子们说:"今天辰辰剪的三角形非常好,尖尖的三角形很像一块块小石头,想象力很丰富哦!"

分析:美术对于辰辰来说一直是一件并不愉快的事情。刚进入中班要画画时,辰辰就是一动都不动,然后说:"我不会"。在与家长的沟通中,我了解到辰辰在家并不是不愿意做手工,而是一直依赖妈妈,想做、想画,但是怕做不好,每次都是妈妈在做,而他在旁边看着。

支持:针对辰辰这一情况,我与辰辰妈妈进行了沟通,并提供了以下一些建议。

1. 多带辰辰去艺术馆及各类展馆,增加辰辰的艺术欣赏力,拓宽其艺术想象力。

2. 在家里可以和辰辰一起完成亲子作品,但是主要动手者从妈妈转变为辰辰,让他感受到成功的快乐。

3. 及时肯定辰辰的想法和创作,鼓励辰辰表达和坚持自己的不同想法。

在进行语言鼓励时,需要注意以下几点:

1. **具体明确**:评价要具体明确,让幼儿知道自己哪方面做得好,哪方面还需要努力,从而更好地认识自己、发展自己。

2. **适时适当**:评价要适时、适当,在幼儿表现出色时及时给予肯定和鼓励,以增强幼儿的自信心和动力。

3. **真诚热情**:评价要真诚热情,教师要有真挚的情感和热情的态度,让幼儿感受到教师的关注和鼓励。

4. **因人而异**:评价要因人而异,根据幼儿的不同情况,采用不同的方式和方法,以更好地激发幼儿的学习动力和自信心。

除了语言鼓励以外,一个眼神、一个拥抱、一个动作都是对幼儿的一种激励评价。当幼儿在活动中出现问题时,教师一个小小的微笑都是无声的支持,教师要在活动中经常通过这种无声的激励,鼓励幼儿,激发他们的自信心和积极性。

(二) 投票评选，促进交流互动

幼儿园中可以有各种各样的评选活动，如"小达人"评选、"小明星"评选、"小模特"评选等，通过活动激发幼儿的兴趣爱好，培养幼儿对自然美、社会美、艺术美、创造美的认识和鉴赏能力，为幼儿搭建一个展示才华的舞台，同时对参与的幼儿给予适当的物质奖励，如小奖品、贴纸等，以此激发他们的创作积极性。

案 例

森林舞会（大班）

我班"玩树叶"的活动已经开展了一段时日。在延续孙老师的语言活动中的关于"树叶精灵"的话题时，我班孩子纷纷表示要举行一个"森林舞会"。他们特别希望把自己打扮成童话故事中的王子、公主的模样，开一个欢乐的派对。于是，我就和孩子们一起准备材料，开展了一个以"树叶"为主元素，并通过美术创意、音乐方式进行表达表现的活动。

活动前期，孩子们和父母一起收集树叶，在这个过程中他们对于树叶的各种造型有了直观的认识和感知，知道了很多植物的名称，并且还提升了动手能力，学会了用"书本""报纸"等把树叶压平整，去掉树叶中的一些水分，从而保持树叶的色泽和完整造型的好方法。活动正式开始前，我告诉孩子们，活动结束后可以由他们自己选出一对最佳王子和公主。孩子们很好奇，纷纷问："怎么选呢？"我回答道："只要你说出自己的理由，让别人选你就可以啦！"

活动中，孩子们通过动手制作，创作出了属于自己的"皇冠"、"披风"、"权杖"……感受到了树叶美术创作的意趣，这也使他们更加热衷于艺术的表达表现。

最后，孩子们进行了今日最佳装扮的评选活动。

琳琳："我今天用树叶做了一件披风，因为我觉得公主会有披风，像艾莎公主一样。"

浩浩："我做了一个权杖，每个国王都有权杖，这代表着权力。"

佳佳："我做了皇冠,王子和公主都是有皇冠的,我的皇冠中间还有一颗宝石。"

通过语言表达、介绍自己作品的特点、表演展示等环节,孩子们纷纷表示自己都是最棒的,于是最后一对对王子和公主出现了,每个孩子都得到了贴纸奖励。

分析:树叶是一种低结构材料,有很强的可塑性,通过树叶这个元素,孩子们感受到了自然美的质朴纯粹,加上用多元化艺术手段来表达,尽情享受自然美和艺术美相融合的体验。在主题及评选任务的刺激下,幼儿有目的地自由摆弄树叶,创造出一个个和王子、公主相关的作品,并通过语言描述了自己的作品。

支持:

1. 将更丰富的材料投放到区域活动中,让幼儿自主选择创意作品。
2. 在区域内放置一些小圆点贴纸,当有幼儿喜欢的作品时可以供其自主使用小贴纸贴在作品上。

(三) 成就体验,鼓励挑战试错

创造机会让幼儿体验成功的喜悦,如让他们在某些领域中展示自己的才能,以此增强他们的自信心和积极性。

案 例

光影蝴蝶(大班)

前不久,班级中的铭铭带来了自己和妈妈一起制作的光影蝴蝶翅膀,孩子们都非常感兴趣。户外活动时间,我们让每个孩子都尝试了一下,辰辰也在等待一段时间后戴上了这对蝴蝶翅膀。

"哈,这个翅膀是彩色的。"

"咦,影子不都是黑色的吗?为什么影子也可以是彩色的呢?"依依问。

"哦,我知道了,材料不一样,它上面不是纸,是彩色玻璃片。"辰辰看了看回答:"我也想要一对这样的翅膀。"

看着辰辰渴望的眼神,我说:"那你可以自己做啊。"

光影蝴蝶

于是,我鼓励辰辰在美工创意环节制作蝴蝶翅膀。

制作蝴蝶

只见辰辰先是拿出了一张大手工纸,在上面画了一只大大的蝴蝶,然后开始用剪刀剪,一手拿着剪刀、一手捏着一角,剪纸姿势很标准。他把蝴蝶翅膀从中间挖洞,剪开。我发现有一只翅膀剪坏了一点,另一只则比较完整。之后,我给他提供了几张彩色的玻璃纸,他开始在玻璃纸上拓印剪开来的洞。由于时间关系,这个活动还没有完成,我告诉他后面可以再利用自由活动时间来完成。

分析:从案例中可以看出,辰辰在看到这只光影蝴蝶的时候对彩色光影非常感兴趣,萌发了探索的兴趣,激发了自己创作一只光影蝴蝶的兴趣。在老师的支持下，他开始了自己的制作。在整个过程中，辰辰始终保持着制作的热情。在他的创作过程中，我们教师也没有干预，只有他需要一些材料而自己又找不到询问我们的时候，我们才会给予帮助。

支持：

1. 在后期完成作品后，引导辰辰带着自己的作品到阳光下玩耍。

2. 与辰辰沟通、交流他制作作品时的想法，并及时遵循他的兴趣引导其展开进一步的创作。因为之前的孩子是想要做一对纸板箱材质的大型光影蝴蝶翅膀，但是此次制作过程中用的是玻璃纸材料。

3. 提供材料，引导辰辰再次用大纸板箱制作蝴蝶翅膀。

幼儿阶段是培养良好习惯的重要时期，教师可以通过创新评价机制，使幼儿从小懂得自我教育，客观、全面地认识自己，这对幼儿的情感、能力与素质等方面的发展都具有积极作用。所以，教师应该在教学评价中，引导幼儿对自己的美术作品、学习状态及能力进行全面客观评价，同时也可以相互进行评价，促进幼儿自我认知意识与能力的发展。教师对幼儿的评价当然是重中之重，但考虑到幼儿的年龄特点，应以鼓励、正面评价为主，保证幼儿的情绪稳定，这样才能唤醒幼儿的学习热情。这就要求幼儿教师认真观察他们在美术活动中的一举一动，善于发现幼儿身上的闪光点，及时给予表扬，激发他们的自信。

附件1

《密云路幼儿园视觉艺术创意坊活动操作指引》

一、《密云路幼儿园视觉艺术创意坊活动操作指引》——领域融合

(一) 实施原则

1. 结合视觉艺术创意坊中的多元材料、多元资源,开展各类视觉艺术创意活动。
2. 融合不同领域经验,在活动中进行多形式、多途径的互动体验。
3. 积极鼓励幼儿拓宽思考方式,以多元形式探究问题、交流互动、表达表现。

表20 《密云路幼儿园视觉艺术创意坊活动操作指引》(领域融合)

教育目标	1. 喜欢观察视觉艺术创意坊的环境和材料,体验在活动室中直接感知、实际操作的快乐。 2. 能够探索视觉艺术创意坊中的多元材料,开展探究、表演、欣赏等各类活动。 3. 初步感受自然与生活的联结,大胆地创造与想象,表现表达。 4. 乐于在活动中探究问题、讨论交流、记录表征、创意表达、合作互动,融合各类经验,开展有趣的活动。 5. 愿意制定并遵守活动室规则,活动时懂得用基本的安全知识保护自己。
环境创设	1. 为幼儿提供适宜的心理环境,营造温暖、轻松的心理环境。 　　创设融合各领域经验的环境,为幼儿提供可以交流、展示的平台,为幼儿提供可以合作交往、探究发现的机会。 　　营造幼儿喜欢的心理环境,尊重幼儿在活动中的主体性,支持幼儿的想法与创意。让幼儿在快乐、轻松的氛围中乐于尝试、探索、充分感受。 2. 提供多元化资源材料。 　　融合生活材料、自然材料。便于幼儿将生活环境、自然环境中的活动经验进行迁移。 　　融合低结构材料、高结构材料。以低结构材料激发幼儿的创造力,以高结构材料支持幼儿积累基础性经验,识别属性。 　　融合五感体验的材料。提供视听、触摸等适合幼儿多感官体验的材料,激发幼儿的直接感知和体验。

续表

观察要点	**感受力** 1. 幼儿对活动室内容是否感兴趣。 　＊幼儿在活动室中是否有良好情绪，是否喜欢各类活动？（参与游戏） 　＊幼儿是否专注、沉浸在活动中？活动时长多少？（活动时长） 2. 幼儿在活动室中是否能调动感官感知材料。 　＊幼儿是否能够调动五感(看一看、听一听、摸一摸等方式)获得审美体验？（识别属性、参与游戏） 　＊幼儿是否乐于探究活动室中的环境(包括材料、设备)，体现好奇好问的特点。（交流互动、参与体验） **互动力** 1. 环境中"互动力"的体现。 　＊环境的空间位置是否有利于幼儿的互动交往？（交流互动、参与体验） 　＊环境中是否提供了互动性强的材料设备？（参与体验） 　＊活动中教师是否能够通过语言、肢体，适时与幼儿进行互动？（参与游戏、交流互动） 2. 幼儿在游戏活动中与材料的互动情况。（指向**科学**领域中的"探究能力、创造能力"） 　＊是否乐于探索各种材料、工具，迁移已有经验进行创造？（识别属性、创作体验） 　＊与材料互动的过程中，对活动内容保持的时长，对于困难与挑战的态度。（交流互动、解决问题） 　＊与材料互动的过程中，是否能够运用观察、比较、操作、实验等方法，是否能在活动中发现问题、分析问题和解决问题，不断积累经验？（操作体验、解决问题） 3. 幼儿在游戏体验过程中与教师或同伴的互动情况。（指向**社会**领域中的"合作分享"；指向**语言**领域中的"倾听与表达"） 　＊幼儿是否喜欢和同伴共同游戏，感受到合作游戏的快乐？（平行游戏、共同游戏、合作游戏）（交流互动、参与游戏） 　＊幼儿是否喜欢倾听和交谈，并在分享交流中感受语言交往的乐趣？（分享交流） 4. 幼儿在游戏体验过程中的自我保护、自我服务的情况。（指向**健康**领域中的"自我保护、生活自理"） 　＊幼儿是否能够用简单的安全知识保护自己？例如，眼睛避开直射光线。（操作体验） **表现力** 1. 活动室中是否有展现幼儿游戏成果的区域？（分享展示）

续表

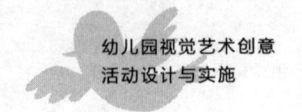

	2. 活动中幼儿"表现力"的情况： ＊在同伴面前大胆、清楚地介绍自己的活动过程，大胆表达或表现自己在活动中的发现创造、直接感知。（语言表达、交流互动） ＊幼儿能否对同伴的介绍和提问有所回应，进行回答？（倾听理解、语言表达） ＊关注幼儿能否通过各种方式对本次探索的问题、发现或者成果进行记录？（记录分享、探究发现） ＊幼儿是否能够用多样的艺术形式表现自己的作品？（艺术表现）
支持策略	**感受力** 　　1. 心理环境，支持幼儿充分感受。 　　尊重幼儿的主体性，赋权于幼儿。认同幼儿的兴趣、需要、想象和创造，在活动中支持幼儿释放天性、支持幼儿大胆创造、支持幼儿个性表现、支持幼儿活动延伸。为幼儿创设轻松、愉悦的活动环境，以支持、尊重的态度为幼儿营造良好的心理氛围，充分满足幼儿对于环境、材料、内容的欣赏与感受。 　　例如，营造温暖、轻松的心理环境，让幼儿形成安全感和信赖感。肯定幼儿的作品和想法，以欣赏的态度对待幼儿，让幼儿在轻松的氛围里，保持良好的情绪状态，以积极、愉快的情绪参与活动。 　　2. 多元材料，满足幼儿多元感受。 　　材料体现自然性和生活性。通过材料的自然性与生活性，唤起幼儿对于自然环境和生活环境的已有感知经验。 　　例如，一片叶子引发的融合活动——在"树叶风铃"活动中，提供叶子，幼儿通过观察，用画笔勾勒出叶脉（艺术绘画），从而引发对叶脉的探究（科学探究）兴趣，生成活动"好看的叶脉"（艺术、科学），用视觉艺术创意坊中的投影设备制作成幻灯片，进行放大观察，延续活动。 　　材料体现高低结构融合性。激发幼儿想象力、探究力、创造力，同时积累经验，识别感受材料本身的属性。 　　材料体现各类感官的融合性。在视听、触摸等直接感知中，调动感官充分感受和体验，展开联结与想象。 　　例如，在光影工坊中，为幼儿提供全息投影的大师名作（视觉欣赏），配以名曲（听觉感受），让幼儿通过视觉、听觉身临其境地感受作品带来的震撼与美丽，欣赏作品中的肌理感、色彩的碰撞，从而为其他活动的开展积累经验。 　　材料体现生成性。根据幼儿的兴趣热点、活动需要，及时提供相应材料，支持幼儿兴趣延续、持续的感受和后续活动的开展。

续表

互动力

1. 自然、生活与艺术相联结,提升互动力。

例如,在光影工坊中提供幼儿手电筒、透明塑料杯(生活材料),幼儿在探索材料的过程中,将两种材料结合运用,发现了光与影之间的秘密,从而引发了一系列的光影游戏:皮影戏、手影游戏、光影小屋。在与自然现象的交融互动中,引发了幼儿对自然界中的光线、空间、色彩等方面的观察,并进行科学探索、艺术感知与表达。

2. 以资源的互动属性,提升互动力。

活动室中提供的资源类材料,其本身应具有互动性,例如:为幼儿提供25个关键词的作品集,让幼儿在欣赏同伴作品时,触发自己的创意灵感,在与各类资源互动的过程中,引发幼儿的观察、识别、想象,提升幼儿的互动能力,增强幼儿的创意意识,提高幼儿的创意能力。

3. 融合多领域经验,提升互动力。

打破以单一指向性的领域经验来创设活动室的任务,为幼儿提高多形式、多途径的互动体验,融合多领域经验,拓展幼儿的思维模式。

例如:

* 指向**语言领域**、**科学领域**、**艺术领域**的融合:幼儿在开展"红色放映厅"活动时,前期以制作"红色绘本"为游戏内容,讲述他们创作的"红色故事"(艺术绘画)。通过互动交流(语言表达),幼儿对红色故事产生了兴趣,同时探索现有材料——透明塑料画板(科学探究),将红色绘本绘制在透明画板上,利用投影仪,开展"红色放映厅"的活动内容,同时也开启了对光影的再次探究(科学探究)。

* 指向**健康领域**、**社会领域**、**艺术领域**的融合:在操作材料放映筒时,幼儿发现放映筒会产生强烈的光线,因此尝试制定规则(遵守规则),贴上了自己制作的安全标记,同时进行经验迁移,将安全标志也挂到了光影室中,提醒同伴玩手电筒时也要注意避免光线直射眼睛,要保护自己的眼睛(健康保护)。

* 指向**社会领域**、**语言领域**、**艺术领域**的融合:幼儿由绘本故事引发了活动内容,用粘土等材料制作《西游记》中的人物,生成了活动内容《西游记》。活动从人物的制作(艺术手工)开始,再到木偶戏的排练(语言领域),幼儿自由创编台词,配乐(艺术欣赏、艺术表现)。因为参与的幼儿较多,他们开始制定自己的计划书(语言前书写),用简单的表征记录他们的活动内容以及分工。在开展游戏时,共同游戏的孩子们都照着计划书上的计划,分工合作(社会交往),开展游戏,体验共同合作游戏的快乐。

各领域的融合,让幼儿的互动力提升,支持幼儿多种形式的互动。

续表

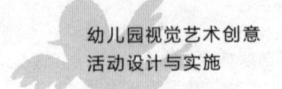

	4. 信息技术支持，生成新互动。 　　在信息化技术的支持下，打破了传统的互动模式，让幼儿多了一种新的互动体验模式，即与多媒体的互动。幼儿对新材料、新环境、新技术产生的好奇、好问，也进一步引发了幼儿的探究。 **表现力** 　　1. 鼓励幼儿运用多元形式表达表现。 　　鼓励幼儿运用多种方式进行表达表现，倡导自由交流、积极肯定支持。例如，用图画的形式记录表征；大胆地在同伴面前交流自己发现的问题、探究的过程，分享活动体验；运用录音笔等设备，记录自己的一些小感想、小体会，或者过程中的问题、记录和经验；收集各种问题，制作成问题墙，引发大家去交流、实践，寻找答案。 　　2. 关注幼儿的特点和兴趣点。 　　深入一个点，可以是热点、难点或经验点，通过追问激发幼儿表达表现的愿望。在生生互动中，激发幼儿的表现力，引导经验的结构化思维，精细化描述，避免单一、简单化的思考和阐述。

二、《密云路幼儿园视觉艺术创意坊活动操作指引》——时空融合

（一）实施原则

1. 打破室内外空间界限，鼓励幼儿感受、欣赏周围的美好事物。
2. 联结室内外材料、资源，鼓励幼儿在艺术创意活动中大胆、自信地表现。
3. 结合家、园、社资源，拓展幼儿视觉艺术创意活动的视野。

表21　《密云路幼儿园视觉艺术创意坊活动操作指引》（时空融合）

教育目标	1. 能够感受室内环境与室外环境的不同，喜欢体验环境、生活和艺术中的美。 2. 充分利用周边的资源，感受、欣赏身边美好的事物。 3. 联结室内外空间资源，乐于在艺术创意活动中大胆表现。
环境创设	1. 打破室内外空间的约束，实现室内外视觉艺术创意活动的融合。 2. 室内外资源的巧妙利用，满足幼儿视觉艺术创意活动的需求。

附件 1
《密云路幼儿园视觉艺术创意坊活动操作指引》

续表

	(1) 自然资源 结合我园丰富的自然环境创设,因地制宜地开展自然材料的收集、自然地势的利用、自然创意的表征、季节特征的感知等活动。 (2) 活动室资源 充分利用活动室的现有资源,如多媒体交互、信息化技术、科学探究材料、美术专用材料等,打造专用活动室的环境。 (3) 绘本资源 结合我园大师绘本作品、多媒体"名画里的故事"等绘本作品,创设丰富的艺术情景。 3. 打通、园、社三方资源,拓展幼儿视觉艺术创意活动的视野。 (1) 家长资源 充分利用家长资源,结合幼儿视觉艺术工坊活动开展家园共育,请家长在周末、节假日带领幼儿参观各类美术馆、亲近大自然,糅活家庭和幼儿园的美育边界。 (2) 社区资源 走进社区,利用幼儿园周边社区资源,如朱屺瞻艺术馆、鲁迅公园等地标,融合幼儿园与社区资源,带领幼儿探寻艺术之美。
观察要点	**感受力** 1. 感受空间环境的不同。(感受与观察) (室内还是室外,有什么不一样?) 2. 对于自然界和生活环境中的材料、声音等能产生相应的艺术创想。 (选择了什么材料? 这个材料有什么特征? 看一看、摸一摸、说一说。) 3. 愿意和别人分享周围事物中自己喜爱的艺术美景和美感体验。(分享对美的体验) (对今天选择的主题和内容是否有兴趣? 是否获得成功?) **互动力** 1. 幼儿在游戏体验过程中与成人或同伴的互动情况。(参与游戏、同伴互动、成人互动) (幼儿和同伴有些什么互动? 和成人怎么互动?) 2. 幼儿在游戏活动中与大环境的互动情况。(参与游戏、环境互动) (室外和室内活动中,幼儿能否借助大的环境和场地开展因地制宜的探究? 在社会公共场所,幼儿能否主动进行提问、发现和探索?) 3. 幼儿将自己看到的事物与大自然中的美有机融合,进行探究,产生好奇。(识别属性、材料互动)

续表

	（案例：寻找肌理活动——在校园散步时可以寻找不同事物的不同触觉、肌理；寻春日美活动——结合美术材料将室内五彩玻璃纸带到大自然中透过光来寻找美。） **表现力** 1. 幼儿能否在同伴、成人面前大胆、清楚地介绍自己的活动过程和收获。（表达表述） 2. 幼儿能否通过各种方式对游戏活动中的问题、发现或者成果进行记录？（记录分享） 3. 幼儿能否清楚地介绍自己在操作体验时的发现，是否能把自己在活动中遇到的困惑和同伴、成人进行分享？（语言表达、倾听理解）
支持策略	**感受力** 　　1. 内外环境巧创设，激发幼儿参与兴趣，大胆感受。 　　我园此次对室内室外环境进行了全新打造，从室内外游戏活动融合的角度进行整体谋划，根据幼儿活动需要，在户外，创设了综合运动区、户外涂鸦区、户外建构区、沙水探索区等活动区和草坪、泥地、沙地、硬地等多种质地的场地；在室内，创设了视觉艺术创意工坊、绘本工坊、光影工坊、涂鸦活动室。活动区域的拓展既弥补了室内空间的不足，也为幼儿进行不同活动和获得丰富体验提供了良好的条件，从而更好地支持了幼儿的感受和体验。 　　2. 内外资源巧利用，满足幼儿游戏感受，支持探索。 　　我园户外拥有丰富的自然资源，为游戏活动的开展提供了物质条件和自然条件。例如，进行"树叶万千"活动时，幼儿在户外获得了充足的自然材料，感受到了大自然的美妙。同时，在专用活动室，我们也配备了充足的专项材料，例如，多媒体交互机、光影设备等，幼儿在与信息化设备交互的过程中，感受艺术与科技的融合。 　　3. 家园社密切合作，积极构建协同育人机制。 　　充分利用家庭、社区资源，通过与家长的协商、走进社区等活动，利用自然、社会和文化资源，共同创设良好的育人环境，引导幼儿感受文化熏陶，与周边环境积极交互，拓展幼儿的游戏视野。 **互动力** 　　1. 内外游戏因需而生。 　　在游戏活动中，幼儿的一些想法和需求会因为空间、场地的限制而无法实现，这时室外区域的优势就尤为重要。如：在"小蜗牛的新房子"活动中，美工区的创设能满足幼儿对小蜗牛新房子的创作需求，但是当美工区无法满足幼儿新的探索

续表

需求时,户外涂鸦活动应运而生,孩子们采集自然花草等不同自然材料,通过粘贴、拓印再次与材料进行互动。室内外游戏因为幼儿的需要与经验发展而产生了有机联系。室内外游戏的优势互补,丰富了幼儿与材料互动的经验,与自然资源的积极互动更是丰富了幼儿的认知,更大地激发了幼儿发现美、表现美、创造美的意识和能力。

2. 内外游戏因需而动。

在传统活动中,各个活动区之间是独立的,而室内外游戏的融合,打破了割裂的边界感。根据游戏的需求,室内外游戏区开始出现"你中有我,我中有你"的游戏样态。如在光影工坊中,幼儿通过与材料的互动,发现了黑暗中光与影的变化。随后,幼儿又对太阳下的影子变化情况产生了兴趣,于是,幼儿主动到户外与环境和材料进行互动,探索阳光下的影子的秘密。这样的游戏活动,打破了空间的局限,不仅赋予了幼儿更大的游戏自主权,满足了幼儿对不同环境与材料的互动需求,更是关注了经验之间的互通和关联,促进了幼儿的深度发展。

3. 内外游戏因需而变。

随着游戏的进展及幼儿的需求,室内外游戏也将自由转换。如在肌理活动中,通过与多媒体的交互,幼儿感受到肌理的特征,但他们不再满足于和多媒体的交互,而是渴望触摸更具象的事物。于是,幼儿来到教室、来到户外,寻找生活材料和自然材料的肌理特征。在与新材料互动的过程中,满足了幼儿的兴趣和游戏需求,为他们提供了解决问题的思路与对策,丰富了幼儿的知识经验,帮助幼儿养成了积极思考的品质,提高了幼儿解决问题的能力。

4. 家园协作因需而为。

在游戏的过程中,幼儿自然而然地会迁移自己的生活经验,同时幼儿也渐渐不再满足于专用活动室和户外场地的材料提供。这时,家庭、社区资源的运用便能大大地拓展幼儿的游戏视野和游戏体验。例如,在幼儿园的光影工坊中,孩子们进行了名画欣赏活动,家长利用周末带领幼儿共同参观各类美术馆,探寻名家名画的作品,幼儿通过照片、视频、画笔对真实的作品进行记录,再将生活中的发现迁移到幼儿园的活动中,使得游戏中的互动又迸发出新的生机。

表现力

1. 巧用反问,激发幼儿思考。

当教师捕捉到幼儿在活动中的问题或热点时,巧妙地利用反问,将问题抛给幼儿,激发幼儿的思考热情,引导幼儿分享自己在室内外活动中发现的不同秘密。

2. 多种形式记录,引发幼儿分享交流。

引导幼儿在室内外活动中利用照片、视频、绘画、录音笔等多种形式记录自己的发现,与同伴分享经验,和同伴大胆讨论遇到的困难。

续表

	3. 家园共商，激发幼儿的进一步表达。 在活动中，可以利用多种平台将幼儿的活动情况与家长进行及时反馈与沟通，引导幼儿在回家后也可以向家长大胆表述自己的游戏体验与感受。在孩子通、微信等平台中，引导家长和幼儿发布自己的游戏体会和参观感受，引发幼儿与幼儿、家庭与家庭之间的互动沟通。

三、《密云路幼儿园视觉艺术创意坊活动操作指引》——一日活动融合

（一）实施原则

1. 糅活一日作息时间，在幼儿园一日生活的各类活动中渗透视觉艺术创意元素，引导幼儿感知、欣赏艺术。

2. 营造轻松、愉悦的心理环境，鼓励幼儿创造性地表达表现。

3. 善于发现一日活动中各种偶发的教育契机，让幼儿以新的方式主动学习，并及时给予有效支持。

表22　《密云路幼儿园视觉艺术创意坊活动操作指引》（一日活动融合）

教育目标	1. 在一日活动中，糅活一日作息时间，激发幼儿的创作想象力。 2. 结合节庆仪式，让幼儿感受艺术氛围。 3. 在一日活动中引导幼儿感知、欣赏艺术，创造性地表达、表现。
环境创设	1. 充分利用活动室的各类设施设备，用一日生活中的四大板块环境来满足幼儿的视觉艺术创意活动需求。 　　利用"米罗可儿"运动场地，将艺术创意互动与运动活动相融合，让运动活动的场地更富有艺术气息，激发幼儿对运动的热爱之情。 　　利用"投影机器""炫彩屏"等适合幼儿感官体验的设施，激发幼儿的直接感知和探索，提升幼儿的探究兴趣。 　　利用"沙水池"的地形，设计艺术元素的游戏场地，形成艺术栖息地。 2. 提供适宜的心理环境。 　　营造轻松、愉悦的心理环境，提供艺术圆桌会等，尊重幼儿在活动中的主体性，支持幼儿的想法与创意，让幼儿在快乐、轻松的氛围中乐于尝试与探索，充分感受

续表

观察要点	**感受力** 　　在一日活动中，捕捉幼儿对艺术的兴趣点。（参与游戏、活动时长） 　　选择了什么材料，这个材料有什么特征？看一看、摸一摸、说一说。（识别属性、材料互动） 　　参与活动室活动的各种感受，情绪上是否愉悦、自信、从容，是否有成功的体验感，对于自然界、园内外的资源，是否会用语言和非语言的形式进行美感体验？（参与与体验） **互动力** 　　幼儿在活动过程中是否有小组合作，是否与教师互动？（同伴互动、成人互动） 　　活动中与材料的互动情况，是否识别材料的属性，是否乐于探究材料？（识别属性、材料互动） 　　活动中是否大胆地选择同伴，共同参与活动？ **表现力** 　　能否在同伴面前大胆、清楚地描述自己的活动过程和收获？（表达表述） 　　幼儿能否通过各种方式对游戏活动中的问题、发现或者成果进行记录？（记录分享） 　　幼儿能否介绍自己在操作体验时的发现，以及也能和大家分享自己在活动中遇到的困惑，并大胆地表达自己的不同观点？（语言表达、倾听理解） 　　幼儿是否积极参与各种活动，运用自己身边的工具，表达在一日生活中对美的感受？（运用工具表达美）
支持策略	**感受力** 　　1. 重视幼儿心理环境，支持幼儿充分感受。 　　尊重并回应幼儿的想法与问题，通过开放性提问、推测、讨论等方式，支持和拓展每一个幼儿的学习。以支持、尊重的态度为幼儿创设轻松、愉悦的活动环境，营造良好的心理氛围，充分满足幼儿对于环境、材料、内容的欣赏与感受的需求。 　　2. 善于发现各种偶发的教育契机，能抓住活动中幼儿感兴趣或有意义的问题和情境，能识别出幼儿在以新的方式主动学习，并及时给予有效支持。 　　如：当幼儿在探索"投影机器"时发现，推动这个机器，不断地调整这台机器的距离，投放到屏幕上的作品会有大、小、清晰和模糊的不同现象。教师及时地抓住了这个契机，引导幼儿进行探索活动，将创意活动室的活动与探索活动有机结合。 **互动力** 　　在一日活动中的各类活动的互动体验中提升互动力。打破传统互动模式，为幼儿提供多形式、多途径的互动体验。

续表

| | 1. 与一日活动中的运动活动进行有机结合,拓展幼儿的思维模式。
例如:"互动屏幕"中幼儿将自己的作品"恐龙"投放在大屏幕上,在游戏过程中发现:当用手拍打"恐龙"时,"恐龙"会生气、逃走。为此,他们在进行室内运动的时候,将这个"互动屏幕"中的内容结合在一起,既有幼儿创作的作品,又能把跳、投掷等基本的动作技能有机结合起来,充分地利用了信息化的手段,将运动与创意美术融合在一起。
2. 与一日活动中的生活活动进行有机结合,培养幼儿良好的生活习惯。
例如:幼儿活动结束后,能主动地将活动室里的各类物品进行摆放整理,将活动材料归回原位,保持活动室的整齐。
3. 与一日活动中的学习活动有机结合,不断延伸幼儿的活动兴趣。
先让幼儿在活动室活动中熟悉某一个材料或者某个内容,然后再进行集体活动。也可以将其作为活动的延续:先开展一节学习活动,然后到活动室中继续延伸游戏活动。
例如:美术活动"唐装盛宴",幼儿长卷画学习活动结束后,还没有尽兴,他们对于唐装盛宴身上的中国元素的花纹有了进一步探究的浓厚兴趣。为此,教师可以将此类高结构的学习活动放到活动室继续开展,作为学习活动的延伸。
再如:幼儿在绘本馆中自制图书,并向同伴、老师大胆地介绍、分享自制图书的内容,过程中也提升了幼儿的语言表达能力。
表现力
1. 在活动过程中,幼儿能否在同伴面前大胆、清楚地介绍自己的活动过程和收获?
2. 幼儿能否介绍自己在建构不同场景时的发现,能否和大家分享自己在活动中遇到的困惑? |

附件2

《密云路幼儿园幼儿表现性发展评价指南》

表23 密云路幼儿园特色课程幼儿"美慧"发展观察指标

领域七：美慧创意

子领域		表现水平1	表现水平3	表现水平5	信息来源
子领域1：感受力	1.1 艺术欣赏	1.1.1 幼儿描述作品中的一个或两个艺术特征（如颜色、线条、材质、音高、音色、节奏等）。 1.1.2 喜欢观看绘画、泥塑或其他艺术形式的作品。	1.1.1 幼儿能够说出自己喜欢的某个艺术特征（如颜色、线条、材质、音高、背景音乐等）及理由。 1.1.2 欣赏艺术作品时会产生相应的联想和情绪反应。	1.1.1 幼儿能够解释艺术特征（如颜色、线条、材质、音高、背景音乐等）与想法、情感的关联。 1.1.2 描述艺术家潜在的意图。	• 观察语言、艺术欣赏及创作过程中幼儿的表现。 • 观察幼儿对艺术作品的兴趣。 • 观察幼儿在散步、郊游等融入大自然的活动中的行为表现。
	1.2 观察发现	1.2.1 幼儿调动感官探素材料。 1.2.2 喜欢观看花草树木、日月星空等大自然中美的事物。	1.2.1 幼儿在操作中关注到材料或工具营造出的效果。 1.2.2 在欣赏自然界和生活环境中美的事物时，关注其色彩、形态等特征。	1.2.1 幼儿利用材料或工具的属性（如形状、颜色、纹理）代表事物或营造某种效果。 1.2.2 喜欢模仿自然界和生活环境中有特点的联想，并产生相似的联想。 1.2.3 当一幅画或雕塑使他/她想起自己生活中的某些人、事、物时，能表现出兴奋。	• 观察幼儿及游戏区角活动及分享、交流活动中的表达情况。 • 观察幼儿在分析幼儿作品。 • 家长问卷调查。

174

续表

表现行为描述

		表现水平 1	表现水平 3	表现水平 5	信息来源
子领域 2：互动力	2.1 动手体验	2.1.1 幼儿创造出一个简单的成品。 2.1.2 使用多种材料满足触觉经验和探索，胶水、三维立体材料等），在艺术活动过程中表现出热情。	2.1.1 幼儿创造出一个简单的、有一些细节的成品。 2.1.2 多次尝试一种类型的艺术活动（如，连续几天在画架上画画，使用不同的颜色，或用颜料涂满整张纸）。	2.1.1 幼儿创造出一个复杂的、有多个细节的成品。 2.1.2 通过创造性的美术、戏剧或乐章表达他/她的感觉和想法。 2.1.3 对大部分艺术活动都能表现出喜爱之情和坚持性。	
	2.2 合作交往	2.2.1 愿意和别人分享、交流自己喜爱的艺术作品和美感体验。	2.2.1 乐于收集美的物品或向别人介绍自己所发现的美的事物。 2.2.2 能主动发起活动或在活动中出主意、想办法。	2.2.1 关注别人的情绪需要，并给予力所能及的帮助。 2.2.2 对其他幼儿的艺术作品发表看法，询问关于实施途径的简单问题，并注意到其中细节。	
子领域 3：表现力	3.1 多元表达	3.1.1 幼儿无目的地使用材料和工具进行工作。	3.1.1 幼儿无目的地创造一个形象，然后认为它能代表某物。	3.1.1 幼儿有目的地表现某物。	

175

续表

	表现行为描述			信息来源
	表现水平1	表现水平3	表现水平5	
	3.1.2 能用简单的线条和色彩大体画出自己想画的人或事物。	3.1.2 能运用绘画、手工制作等表现自己观察到或想象的事物，以及自己的心情。 3.1.3 尝试用多种方式、工具和材料进行各种创作活动，表达自己对事物的认识和情感。	3.1.2 能用自己制作的美术作品布置环境，美化生活。为表演制作简单的服饰、道具或布景。 3.1.3 运用一定的技能（语气、表情、肢体动作、线条、图形、色彩等），帮助表达自己的想象与创造。	
3.2 自尊自信	3.2.1 能根据自己的兴趣选择活动，愿意承担一些小任务。	3.2.1 敢于尝试有一定难度的活动和任务。	3.2.1 主动承担任务，遇到困难能够坚持并想办法。 3.2.2 做了好事或取得了成功后还想做得更好。	

176

附件 3

《幼儿园视觉艺术创意坊的
"五问五答"》

一问：视觉艺术创意坊活动有目标吗？与集体学习活动的目标区别在哪里？（厘清活动内涵、明确价值取向）

视觉艺术创意坊活动相对于以往教师预设的集体活动来说，呈现出结构化程度更低，更具有自主性、开放性综合性、游戏性的特点。在视觉艺术创意坊活动中，幼儿能够自主观察，探索与欣赏周围的事物，更突出幼儿的自主探索和自由创造。

视觉艺术创意坊活动要不要设目标？这是我们首先遇到的问题，我们尝试从设目标和不设目标两种情况进行假设和验证。

案例：互动投屏

绘本工坊中有"互动投屏"的设备，孩子在绘画电子屏上进行主题的选择：海底世界、星际迷航、恐龙天地、冬日雪景等。绘画屏幕上会出现与主题相关的动物或者物品进行填色活动。完成后，将作品上滑就能投射到大屏幕上并动起来。

假设1：在活动中，教师不设目标。幼儿根据自己的意愿，想怎么玩就怎么玩，教师完全不加干涉。

开始的时候，幼儿表现得十分兴奋，每天都翻新花样，可是教师感觉很困惑，因为无法从中分析判断出幼儿的哪些表现是有意义的，哪些是无意义的。经过一段时间的兴奋期后，教师发现，幼儿大多重复先前的行为，那教师要不要引导？这时的教师因为对幼儿的活动没有目标，并不知道该如何引导幼儿，继而自己也开始怀疑活动的价值了。

既然没有目标的活动最终会让教师感到手足无措。那么我们可以试着给活动设定目标，由此开始了第二种假设。

假设2：在活动中，教师设定明确的目标，让幼儿知道一些常见恐龙的名称，并认识食草恐龙和食肉恐龙的外形特征和动态特点，通过色彩、线条、画面布局来体现恐龙的特点。

有了目标的指引，教师自始至终都非常明确自己要的是什么，因而在活动中就有了更具针对性的指导，从而顺利地达到教师所要的最终目标。在教师的指导下，幼儿认识了很多常见恐龙的名称和特点，幼儿最终也会通过恐龙的牙齿区分食草恐龙和食肉恐龙。但同时也带来了一个明显的问题，对恐龙没有兴趣的幼儿在整个活动中的参与度较低,始终游离在活动之外。

可见,由于目标的存在,教师在活动过程中站在了主导的位置上,从而限制了幼儿活动的多样性和自主性,这样的活动让幼儿感觉到很没劲,很快就不喜欢玩了。

对比这两种假设,我们不难看出,当教师不设目标的时候,无论是教师还是幼儿最终都会变得随意散漫,漫无目的;当教师设定了明确目标的时候,活动方向十分明确,却限制了幼儿的想法,不利于调动幼儿的积极性,以及违背了"幼儿发展优先"原则。

那么,如果设定一个比较宽泛的、隐性的目标呢?由此,我们便有了第三种假设和尝试。

假设3:教师设定隐性的、宽泛的目标。

在"互动投屏"的活动中,教师尝试为活动设定了较为宽泛的目标,并以观察要点的形式呈现:

其一:幼儿是否有探索、自由创作的意愿和兴趣?

其二:幼儿是否能根据主题切换画笔的粗细、颜色进行自我创作?

其三:在游戏中幼儿是否能自主解决困难,推动游戏的开展?

之所以说目标是隐性的,是因为这些内容都作为教师在活动中的观察重点,而非在活动中要求每位幼儿必须达成,否则便又回到了第二种假设,目标成了教师与幼儿活动的桎梏。

隐性目标的存在,对幼儿的影响是间接的,或许幼儿根本感觉不到它的存在,因为目标并没有被转化为幼儿必须完成的任务。然而,对教师来说,隐性目标的影响却是直接的,它可以帮助教师更好地观察幼儿,了解教师预设的目标与幼儿在活动中产生的兴趣点两者之间的距离,做出是要支持还是要等待的决定,这就避免了活动的随意性,使幼儿玩出花样、玩出水平、玩出智慧。

可见,如何看待视觉艺术创意坊活动的目标,直接影响的是教师如何看待活动以及活动中的幼儿,进而影响到教师对幼儿的活动支持以及幼儿在活动中的空间与自由度,最终便自然而然地影响活动结果。这种将活动目标隐含于观察重点之中,但又不因此将幼儿活动局限于教师预设的做法,一方面为教师的观察指导指明了方向,教师既要关注目标以内的幼儿的行为,又要关注目标以外的幼儿的表现;另一方面,又不将幼儿的活动局限于目标之内,这更容易激发幼儿的多元探索与发现、多样的表达与表现,这也是更尊重、更适合幼儿的活动。

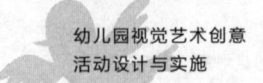

在实践中我们深深地感悟到：视觉艺术创意坊活动与集体教学活动的目标是不同的，视觉艺术创意坊的活动目标是隐性的、长久的、个性化的，目标内容比较宽泛，适合采用表现式、展开式的表述。视觉艺术创意坊活动更多的是需要个性化地去支持幼儿的整体发展、主动发展、差异发展。当然，教师在实施中需要允许实际结果与目标之间存在差距，可以动态地调整隐性的目标。

二问：如何创设视觉艺术创意坊的环境？需要关注哪些要素？
（活动环境的突破，保障幼儿自主学习）

《幼儿园教育指导纲要（试行）》指出："环境是重要的教育资源，幼儿园应通过环境的创设和利用，有效促进幼儿的发展。"通过空间环境、互动环境的创设，唤醒幼儿的创造力，让幼儿在感受美、体验美和创造美的过程中，促进幼儿潜在的"美"与"慧"的相融。

关键词：儿童视角、多元材料、融合性、互动力。

一、凸显儿童的自主性

在幼儿园视觉艺术创意坊的环境创设中，教育性和创意素养的培养不仅蕴含在环境中，也蕴含在环境创设的过程中。陈鹤琴先生指出："通过儿童的思想和双手布置的环境，可使他对环境中的事物更加认识，也更加爱护。"

在思考视觉艺术创意坊的环境创设问题的基础上，我们将聚焦"儿童需要怎样的活动室墙面环境"这一问题。基于儿童视角，以儿童为主体的环境，才是幼儿需要的环境，基于此，我们对视觉艺术创意坊的环境创设做出新的思考。我们主张通过赋权儿童，让儿童感受到自己是幼儿园的小小设计者，是幼儿园的小主人，而并非"与幼儿园环境无关"。因此，在活动室环境创设的过程中，我们要引导幼儿积极参与创设，鼓励并尊重幼儿的想法，说出他们的观点，支持他们的设计，并付诸行动。在视觉艺术创意坊的环境创设过程中，幼儿园开展了"小小设计师"活动，幼儿可以自己布局、自己设计、自己配色，幼儿会根据自己设计的主题，选择相适应的材料，通过不断商量、布置、摆放、调整，提高幼儿的兴趣和创造性，让环境回归幼儿。

案例：小小设计师

幼儿园大修工程即将结束，活动室里只有简单的洞洞墙、几张桌子和新来的互动屏。开学前的腾讯会议互动时,我将空白的活动室照片和视频投屏给了孩子们,并留下了一个小任务:"我们的幼儿园通过工人叔叔的整修,已经焕然一新,但是我们的视觉艺术创意坊里都是空白的,我们可以在里面玩什么呢?园长老师想邀请你们每一个人参与设计。"

开学第一天,就收到了好多天马行空的设计图。我们拿着设计图,又再一次来到活动室里参观。小宓说:"原来这里有窗帘,拉下来一定很暗,我们可以玩影子的游戏吗?"看我答应了,小宓又说:"那我要再去改一改我的设计图。把它设计成一个密室!"

乐乐说:"我想在这里看电影!我们家也有一个投影仪。"

璟睿看着阳光房说:"这里和以前不一样了,可我还是想在这里画很大的画,然后在窗台那里玩陶泥,最好有几个画板和画架。"

可可说:"这个大屏幕是桌子吗?"

……

结合幼儿园的大活动"小小设计师",让幼儿参与到视觉艺术创意坊的环境设计中,让幼儿感受到自己是幼儿园的主人,激发幼儿的兴趣,引发幼儿的想象。

此外,考虑到活动室的环境需要围绕着"视觉艺术创意",因此,在设计前,让幼儿知道活动室的名字,可以启发幼儿有意识地设计。

通过谈话活动,收集幼儿的创意;通过实地参观,邀请幼儿尝试用涂涂画画的方法制作设计图;肯定幼儿的想法,根据他们的设计提供相应材料,从而达到真正地基于儿童视角。

在实践中,我们发现凡是幼儿参与的环境布置,对幼儿就有着巨大的吸引力,他们不仅可以全身心地投入活动,体验成功的喜悦,而且他们会倍加珍爱自己创设的环境。

二、关注五感的融合性

视觉艺术创意坊的环境创设除了体现儿童视角,也要能够开拓幼儿思维,为幼儿的发展提供多元支持,环境不是单一的,应当是统整融合的。因此,我们在环境中融合五感,让幼儿的感官有多元化的体验。通过环境的融合和转换,可以让游戏活动内容

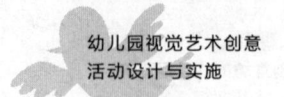

不断迭代更新,在变化与挑战中让幼儿保持兴趣。

案例:梵高的星空

片段1:

乐乐一直想把光影工坊变成电影院,在参与完集体教学活动"走进梵高"后,乐乐说:"我想把刚才我们看的《星空》放成电影,带去光影工坊看。"于是,他拿着垫子,在光影工坊铺上座位,在光影工坊里看电影是第一次,许多幼儿都非常感兴趣。

当幼儿看到动态短片《星空》被放大时,他们都"哇"了起来。班级的包包说:"可是这个电影没声音。"他的话提醒了我,于是我配上了音乐,孩子们不由感叹:"太美了吧!"

片段2:

同时,幼儿发现了放大后的油画细节有一种特殊的"肌理效果",从而了解到油画这一经典的绘画手法以及它的肌理效果。活动后,孩子们在校园中、户外寻找和触摸不同的肌理,通过视觉、触摸觉、听觉等,充分地感知各种肌理带来的视觉效果、触感和声音。孩子们还把对肌理的相关经验感受带回了家中,和家长共同讨论生活中的肌理。家长在周末、节假日带领幼儿参观美术馆、探寻公园,寻找名画、自然中的肌理特征,幼儿在充分感受后,也将自己的收获带来班级与同伴分享。

幼儿从集体活动中生成了对梵高作品《星空》的兴趣,并把短片带到了光影工坊中,让集体教学活动与游戏融合。

在投影设备的支持下,孩子们沉浸在巨大的名画欣赏中,配上音乐,使得视觉与听觉有了融合。在室外寻找肌理的过程中,又在视听中加入了触感,生成了感官上的融合。

通过活动的延伸,幼儿将活动从室内转化到室外,有了空间融合。

在兴趣的驱动下,活动不仅仅在幼儿园内开展,还走向了家庭,再从家庭回归幼儿园,产生了时间融合。

投影设备是高结构材料,带来了一场视听盛宴,也开启了一场对于低结构材料的探索,高低结构材料的不断转换,使得视觉艺术创意坊的活动更为丰富多元。

视觉艺术创意坊的环境创设不再局限于室内、局限于墙面布置、局限于材料提供,而是通过多元融合的环境提高幼儿的创美能力,提升幼儿的创意素养。

三、体现场域的互动性

活动室环境如果总是一成不变,不仅不能给幼儿带来新鲜感,久而久之还会丧失对幼儿的吸引力,幼儿活动的主动性、积极性也会随之下降。因此,创设新鲜的、互动的活动室环境是幼儿教育的艺术之一。创设互动性的场域是为了有目的、有意识地投入丰富的材料,提供条件和机会,激发幼儿观察、探索、创作、互动的兴趣。

案例:红色放映厅的演变

在主题活动"我是中国人"开展的过程中,幼儿对于红军故事非常有兴趣,到了绘本工坊里,就会画一些《邱少云的故事》《英雄董存瑞》等,还会时常编一些与红军有关的故事。于是,我为孩子们提供了纸、笔、打洞机,让他们制作属于自己的红色绘本。没多久,绘本工坊里就都是我们的"红色绘本"。接着,在这个9月,我们班级在绘本工坊里开了一场又一场的"红色故事汇"。

十月长假回来,城城说:"我妈妈给我看了《红星闪闪》的故事,是一个动画片,我们去光影工坊里一起看吧。"城城说:"我会讲这个故事。"电影一边放着,城城一边简单地讲述这个故事,还模仿潘冬子说着简单的对话。包包说:"这也太精彩了吧!"第二天的光影工坊活动,包包问我:"今天的电影有声音吗?""有,我带了音响下来。""能不能不要用?我也想试一试学潘冬子说话。"包包和亦汝开始了他们的"配音秀",我将他们的表演录了下来。

活动后,我推出放映筒:"这个机器你们需要吗?"可可说:"哦!对!我们还可以画在这个透明板上,放电影。"张云深说:"画好放,然后再说故事。"……在孩子们七嘴八舌的讨论中,我们的红色放映厅活动又诞生了。

从红色绘本馆到红色故事汇,生成红色配音秀,最后诞生了红色放映厅。追随着孩子们的兴趣,不断调整环境,在环境的动态调整中,引发他们一次次的游戏高潮,看似主题没变,但是,孩子们玩出了各种精彩。

- 在红色绘本馆中,我根据幼儿的兴趣,为幼儿提供了许多红色绘本,满足幼儿阅读红色故事的兴趣;为幼儿提供了纸、笔,让幼儿从欣赏到创作,让红色绘本馆中都是属于幼儿自己的红色绘本。
- 在红色故事汇中,为幼儿提供表达表现机会,让他们大胆展示表现自己的作品。

- 追随幼儿的兴趣和需求,在活动环境中同时做了"加法"和"减法","加"上幼儿需要的大屏幕,"减"去幼儿不需要的音响,生成了红色配音秀活动。
- 最后,通过新设备的加入,生成幼儿新一轮的兴趣特点,红色放映厅活动诞生了。

我们认识到,活动室环境不该是静默不动、一成不变的,而应该是动态多元、活动多变的,会随着幼儿身心发展的变化而变化,随着幼儿经验的变化而变化。

另外,除了环境的动态调整外,我们也需要关注到环境的互动力,环境中的"美"固然不能忽视,但更要考虑让墙面变得有生命,更立体,可创造,具有可供幼儿探索操作的功能。有效增强幼儿与视觉艺术创意坊活动环境互动的机会,是我们必须考虑的重要因素。因此,我们采用马赛克法,收集了幼儿最为喜欢的25个小主题,以"名画+幼儿作品"的形式,形成了属于幼儿自己的25本小图册,让幼儿能够通过欣赏别人天马行空的作品,启发自己的创意想象,形成自己的作品。

在观察、交流、创作等方式中,感受环境中的互动力,感受环境带来的轻松、乐趣与魅力,从而引发、支持和引导幼儿"生长"新的经验,促进其多方面能力的发展。

三问:不同年龄层的幼儿进入活动室,材料如何投放?
(尊重个体,崇尚自主,凸显艺术)

幼儿在视觉艺术创意活动中进行游戏与学习时,材料投放的艺术性将直接决定游戏的质量,幼儿只有直接接触艺术活动材料,才有进行探索、欣赏和创作的可能。因此,教师合理、科学地投放视觉艺术创意活动的材料至关重要。

一、立足年龄特点,提供适宜材料

(一) 材料可延续

托小班幼儿喜欢摆弄材料,注意力集中时间较短,在游戏过程中以平行游戏为主。所以,教师在投放材料时应充分考虑幼儿的年龄特点和个体差异,通过观察,为幼儿逐步投放活动室材料。

中大班幼儿喜欢探索材料,对新鲜事物充满好奇,所以具有新鲜感和可动态操作的材料往往更吸引幼儿的注意,但随着时间的增加,幼儿容易在熟悉材料后就慢慢地失去兴趣。因此,教师在提供活动材料时不能一成不变,在提供适宜材料的基础上,还需动态地对材料进行调整和补充。

在美术工具的使用上,应适合不同年龄幼儿的动作发展需要,例如:笔的不同使用。小年龄幼儿的手部精细动作发育不完全,应为其提供易握、易上色、易出轨迹的笔类工具,如炫彩棒、笔刷、水彩笔等。大年龄幼儿的手部发展得较好,应为其提供较细的,如毛笔、彩色铅笔、粉笔等,更加复杂和精致的材料。

(二) 材料可变化

美工活动的形式是多样的,它们反映了幼儿的不同现象,发展了幼儿的手眼协调能力和手的灵巧动作。尤其对于托班幼儿来说更是如此,他们经常会出现一种现象:东西做一会儿,就表现出厌烦的情绪。因此,在美工材料投放上应注意多样性。比如,引导幼儿运用线条、形状、色彩体验多种作画方法;引导幼儿运用多种工具(剪刀、颜料、皱纹纸、橡皮泥等)、自然物和废旧物品进行创作。小班幼儿可以将主题与现实生活相结合制作不同事物;相比托小班幼儿,可以为中大班幼儿提供多种类、多领域材料,以及能以多种方式使用的工具与材料,注重材料的延续性、可探索性。除了实物外,还可以提供色彩小图册,引导幼儿从具象到抽象进行表达表现;幼儿还可以和老师、同伴一起,随季节变化、节日要求,美化环境,在活动中受到陶冶,获得愉悦的情绪。

通过提供这样的材料,让幼儿理解艺术不仅限于用固定的方式来表现,还可以通过对材料的不同的使用方式创造出不同的效果。纸张、沙子、泥和面团等,这类不具有确定功能的艺术材料给幼儿提供了广阔的创作空间。

二、创设艺术环境,支持自主探索

(一) 投放多角度探索的材料

给予幼儿充足的时间,提供多元的材料,允许幼儿充分地亲身感受材料与工具,直接与材料互动,获得最真实的感知。当幼儿探索某种材料时,教师给予幼儿足够的自由,保证幼儿尽量尝试他们想要做的事。

托小班教师通过观察幼儿最近的兴趣点,使用过的、玩过的材料,在活动中可以进行再次投放,通过观察幼儿的材料使用情况动态地调整材料。中大班教师提供中西风格不同的艺术作品供幼儿欣赏,鼓励幼儿根据欣赏作品后的感受来创作表达,教师作

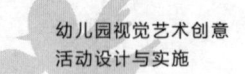

为观察者提供探索支持,启发更多的使用可能性。

案例:纸张变变变

因为有了第一次的参观经历,托班孩子们进入活动室后,对活动室中摆放的各种各样彩纸很有兴趣,他们东摸摸西瞧瞧,还把小班孩子们留下的彩纸都撒在地上,看来大家很喜欢彩纸哦!"你们喜欢这个房间里的什么呀?"我问孩子们,孩子们都跑去找自己感兴趣的材料,或者拿来、指给老师看。看了看孩子们拿取的材料,我心里有数了。"那我们下次就来玩这些漂亮的纸好吗?""桌上有哥哥姐姐玩过的纸,我们也玩和他们一样的。"……于是,有了第二次的活动内容,孩子们坐在地垫上,周围摆放着老师提供的各色彩纸,"像哥哥姐姐上次那样玩,把纸变小。""怎么变小呢?"老师和孩子们一起,有的捏,有的揉,也有的学着把纸撕成长条,再变小。随后,孩子们又开始抛撒碎纸张。

教师仅仅提供一张纸,给予幼儿足够的自由空间,耐心观察和等待,幼儿就能够根据一张纸变化出多种玩法。

(二) 提供广艺术媒介的工具

在最初接触材料的时候,幼儿愿意通过相互模仿来探索材料,他们天生就是好奇的探索者。在保证安全、卫生的情况下,鼓励幼儿表达他们在使用材料时的想法,认真感受材料带来的不同艺术表现力。提供可欣赏的材料并不意味着限制幼儿自主探索,教师的示范主要在于引起幼儿对材料的重视。

中大班幼儿在光影工坊里可以自由摆弄现代化艺术媒介,如:触摸屏,投影仪等,激发幼儿产生与屏幕上的内容互动的欲望,将在屏幕上创作出来的动物元素投屏到墙壁上,并与之互动,逐渐获得更丰富的使用方法。

托小班幼儿使用的艺术工具可以在满足大动作玩耍的同时也进行艺术表现,例如,在呼啦圈上装上小轮胎,蘸上颜料后跑跑、滚滚,感受不同工具的艺术表现效果。

(三) 收集更加无限、自由的材料

教师能预设投入的材料总是有限的,而幼儿的想法是无限的。在材料投放时预留一个"留白"空间,让幼儿尝试跳出思维定式,自由地去大自然里,去身边收集喜欢的材料,并放入空间内,也能够为其他同伴提供使用材料的思路。不同材料的多种用法都在这个预留的空间内,为两种材料的组合使用和多种材料的叠加使用提供了基础。

在活动室活动了一段时间以后,这些陈列在柜子上的材料已经无法满足幼儿参与活动的欲望。于是,我们提供了一个百宝箱,百宝箱"留白"的作用引发幼儿再次去寻找和收集新材料,中大班幼儿可以自己收集他们需要的材料并放入其中,他们每次创作前最喜到百宝箱里去找一找。托小班幼儿则由教师先收集投放一些合适的材料,然后慢慢过渡到师幼共同收集。

三、引入艺术资源,丰富审美体验

(一) 幼儿艺术作品激发经验与兴趣

活动室中的材料除了可操作的工具外,幼儿完成的作品也可以激发其生活经验,将其作为一种欣赏性的材料提供给幼儿,有序地、富于美感地摆放在环境中。这是一种无声的艺术信息,隐形之中丰富了幼儿的审美体验。

比如:幼儿的长卷画前期仅是粘土揉搓黏贴成各种圆的图画,适合学期初涂鸦,将这些作品拆解开,摆放成各种造型进行展示,后期可以作为大年龄幼儿再创作的材料。在原有画面上添加或用其他材料进行再创作,材料源于作品,作品又是材料。

(二) 大师艺术作品引发感受与欣赏

在活动室中,结合幼儿生活经验和感兴趣的内容,投放艺术家的作品,提供幼儿观察和欣赏的材料。我们提供艺术家的作品,不是为了让幼儿能创作出一个一模一样的作品,而是借鉴艺术家的创作手法。将教育资源隐形地藏在环境里,培养幼儿的艺术感觉,扩展幼儿多样的艺术表达。

(三) 家、园、社艺术资源丰富审美与创作

通过社区家园互动,包括社区资源,如:美术馆,博物馆,来丰富幼儿的艺术感知,提升幼儿的审美品质。

在观看作品时,不仅仅是在积累艺术审美体验,还存在多领域的融合。在欣赏的过程中,能够提升幼儿的语言表达能力,鼓励幼儿对新事物萌发好奇,促进幼儿与信息化媒介的感知互动,触动幼儿的创作灵感。

四问:如何在视觉艺术创意坊中进行师幼互动? 有效支持幼儿发展?
(观察与解读,调适与共生长)

作为教师,应是幼儿开展视觉艺术创意坊活动的支持者、协助者、助推者,关注幼

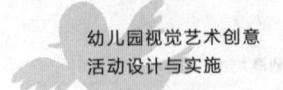

儿在视觉艺术创意坊活动中参与的积极性、体验的主动性、经验的发展性。通过有效的师幼互动,对幼儿视觉艺术的发现能力、艺术材料的探究能力、创造艺术能力的优化,推动和支持幼儿对视觉艺术的参与、探索、尝试和表达表现。

一、情感激发,唤醒内在动力——情感互动

情感是动机的源泉,具有推动作用,积极的情感能激发幼儿在视觉艺术创意坊活动中的游戏兴趣。幼儿能将愉快的游戏体验,转化为强烈的活动动机,继而形成一种对视觉艺术的认知态度,并保持这种行为。

情感是探究活动的动力源,师幼的情感互动是幼儿游戏的催化剂,是幼儿思维的激活剂。师幼的情感互动能调动幼儿丰富的情绪体验,有利于幼儿的感知变得敏锐,记忆增强,思维灵活;有利于幼儿多元智能的发挥;有利于幼儿创造潜能的充分展示。

案例:蝴蝶花园

一天早操结束后,我按照惯例和一半孩子在操场打扫落叶、整理器具,深深忽然大叫:"看!我发现了好漂亮的毛毛虫!"我和孩子们循声观察,真的有两只非常漂亮的绿色毛毛虫正在树下发呆。大家围拢进来议论纷纷,"它们是不是死了?""不可能,你仔细看,会动!""它们为什么不吃东西呢?""会不会太冷了动不了?"孩子们七嘴八舌地讨论着,但毛毛虫的确不怎么动,大家建议赶快查查原因。于是,我们回到教室一起上网查询,并得知到这个季节的毛毛虫即将变成蛹,过低的温度会影响毛毛虫顺利结成蛹。也就是说,这几天的大降温让即将成蛹的两个小家伙也许无法顺利达成下一步了。兴趣是最好的老师,也是学习的最好助力,它是活动引起和保持注意的重要因素,对感兴趣的事物,人们总是愉快地、主动地去探究它,我想着这是一个特别好的契机。于是,我趁机感叹道:"毛毛虫真是可怜啊。"孩子们纷纷附和,表示要给毛毛虫造一个家。于是,在创意工坊活动中,为即将成蛹变成蝴蝶的两个小家伙打造一个美丽的蝴蝶花园成了孩子们的目标。

在本案例中,从发现被冻僵的毛毛虫,到引出毛毛虫的可怜,引发幼儿对毛毛虫情感的共鸣,激发了幼儿萌生打造"蝴蝶花园"的内在需求;通过自主地收集相关的资料和材料,幼儿产生了自主创作的动力。

将"呵护天性"作为艺术教育的理念,明确告诉教师:"幼儿是天生的艺术家","呵

护说明教育的作用在于由内而外地唤醒和激发幼儿本身就具有的艺术潜能,而不是由外而内地传递成人认定的艺术准则"。将"释放天性"作为艺术教育的目标,直接凸显了儿童的主体地位。检验教育成功与否,就看儿童是对外在的被动接受还是对内在的主动释放,具体看儿童的艺术行为是否表达了自我的情绪和情感,是否表现了自我对外部世界的观察与思考,而不是生硬地去表现和表达强加于他们身上的成人的想法。

二、创设条件,引发活动发生——幼材互动

在辨识幼儿的已有经验,发现幼儿的兴趣、需求、问题以后,教师需要为幼儿在视觉艺术创意坊的游戏活动创设必要的物质条件及行动助力,以吸引幼儿主动地加入游戏中来,引发幼材互动。教师要遵循幼儿艺术的发展过程,允许幼儿主动发起多种活动,起到应有的支持作用。

案例:光影探秘之暗房的诞生

经过了一段时间的光影工坊活动后,孩子们从最初的非常兴奋,尽情摆弄光影工坊里的材料逐渐转向会自发、主动地产生一些剧情与对话。

"里面暗暗的,我们可以做一个这样的光影屋呀!"在光影工坊里,有一个用纸箱做成的光影屋,这一天,悠悠突然想把整个光影工坊变成一个大大的光影屋。

其他小朋友看到,都觉得这个主意不错,他们还用手晃了晃,说:"现在很亮,就没啥意思!"立刻有其他孩子说:"如果变成漆黑一片就有意思了!"该想法得到了一致的赞同。于是,他们想把整个房间变成一个大大的光影屋。在讨论时,幼儿提出可以用黑色卡纸把有窗户的门遮起来。这就产生了新的问题,旁边的餐厅是中班弟弟妹妹的餐厅。当教师提出这个问题时,洋洋马上想出了一个办法:"可以用一块大大的布把窗户遮起来,不用时还可以拉起来,像这个窗户一样。"洋洋指了指房间内的一扇窗户,同时提出:"要跟这个门上的窗户一样大小的窗户。"于是,孩子们画出了设计图,并运用尺子进行测量,确定了光影屋的大小、尺寸。由于有一定高度,关于布的剪裁工作,教师受邀帮着一起完成了。之后孩子们又遇到了如何固定的问题,教师和孩子们一起上网找了不留痕迹但牢固度出众的一种胶水,用胶水固定连接处。一次尝试后,孩子们发现一块普通的布达不到漆黑的效果,教师又引导幼儿探索、发现遮光布这一材料,再次进行了尝试操作。最后,光影屋终于改造完成!

他们在自己改造的光影屋内发现了更多有趣的影子造型,光影屋空间的扩大也让影子游戏更具有探索性。

幼儿常常会有一些奇思妙想。在活动开始时,教师是观察者;在活动中,教师可以是合作者,共同探讨问题,一起寻找资料和材料,一起解决问题;在出现问题时,教师不急于立即提出意见,可以等待幼儿自己发现问题,再解决问题。

在案例中,一方面,教师通过鼓励引导幼儿自己想办法把房间变黑,又通过提示,让幼儿了解所要改造的门的另一个作用——中班的餐厅,需要光,进而调整材料。另一方面,教师在一开始并没有指出普通布不遮光这一特性,而是让幼儿在发现问题后再一次进行尝试,直至最后成功。

因此,师幼互动一方面是在观察的基础上,教师需要参与到幼儿的共同活动中;另一方面是和幼儿的互动,是在和他们同玩共乐的过程中共同接受挑战,在创造性艺术实践中,充分地接纳、鼓励孩子多样化的自我表达与表现。

三、赋权支持,激发创作表达——幼幼互动

赋权支持,其实是要给幼儿一种信任感和效能感。艺术表达,它是一种能够极大地拓宽幼儿交流渠道和鼓励幼儿抒发观点的方式,可以加强幼儿与世界的联结,帮助幼儿进一步获得信任感和效能感。在艺术教育实践中应当充分地去接纳、鼓励每一位幼儿。鼓励幼儿多样的自我表达表现,让幼儿欣赏自己的艺术创作作品,可以满足幼儿在活动过程中的兴奋感,提高自我满足,引发幼幼互动。我们经常也能听到幼儿会让成人和同伴来欣赏自己的艺术作品,这就是一种赋权支持,其实也是一种情感满足。

教师的放手是起点,教师的回应、支持、反思是过程。达到这样层次的艺术活动,是幼儿自己发起的,教师要做到尊重并接纳、信任并赋权、读懂并支持。通过教师的信任和赋权,幼儿能更加自如、自主、自信地开展艺术活动。

案例:大灰狼与小白兔

在幼儿园光影工坊中,孩子们在玩影子的过程中从不同的角度认识影子,感受影子的调皮与神奇,初步了解光源与影子的关系。

在一次游戏中,依依和子衿、钦钦一起来到了光影工坊。只见子衿打着手电筒,钦钦用手做了一只小白兔,依依看到后用手做了一只狼,嘴里还喊了一声:"啊呜——"接

着,她们三人都笑了起来。在分享环节,我请她们三人分享了这个游戏。

听完依依她们这个简单的手影故事,底下的孩子们纷纷发言。"我会做大老鹰,可以抓小兔子。""我要做大老虎,吃掉大灰狼。"……

看到孩子们对这个狼吃兔子的故事很感兴趣,却让我心中灵机一动——怎样创编完整的故事?怎样用手表现出更多的动物手影造型?虽然这只是一个简单的手影故事创编,但可以让孩子们去研究手影的手势动作,还可以锻炼孩子们手指肌肉的灵敏度,启发他们的想象力和创造力。学习手影姿势、创编有趣的小故事,这是一个自主探究实践的好机会。于是,我建议孩子们可以根据自己的想法来创编自己的手影故事。

在下一次的光影工坊活动前,他们进行了分工商量,加入更多的动物角色,让故事情节增色不少。我发现幼儿的能力水平并没有提高,这个时候,我也没有干预他们,而是让他们根据自己的想法继续活动。在之后的又一次分享中,底下的孩子们开始有意见了,琪琪问:"你说小白兔躲在大树下,可是大树呢?"

于是,他们开始画一些背景:大山、大树、石头。当他们把画好的东西拿到光影工坊时又发现了两个问题:一是虽然已经将这些背景画得很大了,但置于一整面墙上还是相对较小;二是这些背景无法固定,贴在墙上没有影子。最后,他们决定再画得大一点,并用棒子进行支撑。

在活动的后期,孩子们还学到了更多的动物手势。原来是依依回家后跟家人提过手影游戏,妈妈帮她打印了一些,依依带到幼儿园来和同伴们一起学习,整个故事里的动物角色多了起来,故事情节也越来越丰富……

在整个活动中,教师只是在幼儿分享中提出一些问题,顺应幼儿的兴趣需求和发展需要,充分赋权,通过材料引发、问题支持、耐心等待等方式,和幼儿共同进入到光影探秘的游戏世界。

在艺术教育中,赋权支持能呵护幼儿想象力与创造力的萌芽,能够鼓励幼儿自主、自由地去创造,引导他们充分地展现创造的潜能。当重视并尝试发挥艺术教育在创造力方面的价值时,教师便会一次次地为幼儿的无限创意而感叹不已。

五问:在视觉艺术创意坊中如何进行分享交流?
(时机、方式、内容)

游戏能够为幼儿营造相对轻松、自由的环境,有效点燃其智慧的火花。教师要善

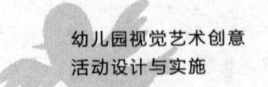

于利用分享交流环节,捕捉有意义、有价值的幼儿行为,并结合多元举措挖掘行为背后潜藏的内容,以此推进幼儿的全面发展。

(一) 时机

1. 随机分享——把偶发性行为转化为探索行为

在游戏过程中,幼儿大多是出于兴趣参与游戏,游戏的开展具有偶发性、随意性,这就需要教师适时组织分享交流,引导幼儿说一说自己的感受。这样不仅能够吸引其他幼儿的关注,也能够引发他们的思考和有益的探索行为,提高参与游戏的积极性和目的性。

如在进行绘本工坊的互动桌游戏时,孩子们将自己绘制的恐龙投到了墙上,宁宁无意间碰到了墙上的一只恐龙,只听嘉嘉立刻说道:"你看,这只恐龙动了一下。"随后,她又上前进行了尝试,当她拍打恐龙时,恐龙真的是会有所回应。此时,我们应及时地抓住这一随机的教育契机,与孩子们共同探讨,激发他们的探究欲望,不断地深入挖掘游戏价值。

2. 集中分享——把零散想法转化为集中问题

在分享交流环节中,引导幼儿主动讨论各种问题,有助于教师更好地明确幼儿的需求。因此,教师要结合信息反馈,聚焦幼儿所提出的各种问题,在环境创设、材料提供以及经验分享等方面为幼儿提供支持,帮助其拓展游戏玩法,积累游戏经验。如在绘本馆中,孩子想用叠加的方式进行放映筒的游戏,但是他们对每次的效果都不太满意,我们便可在分享交流环节共同讨论,运用集体的智慧,再通过调整游戏材料等方式进一步推进游戏。

在视觉艺术创意坊中,幼儿有时能够构建丰富的游戏经验,获取独特的情感体验;有时也会遇到问题和困惑,这些都需要与教师、同伴展开分享。教师需要准确把握这一契机,组织幼儿展开经验交流与情感分享。在分享交流中,实现经验共享,从而解决困难,推动游戏,促进幼儿游戏能力的提升和多方面的发展。

(二) 方式

1. 情景再现法

情景再现法就是借助活动中的操作材料,让幼儿重新演绎游戏过程,直观地将自己的游戏经验与他人分享,让交流分享的过程形象化和具体化。如在创意美工坊的交流分享中,一位幼儿一只手拿着瓶子,一只手拿着毛线,边绕边说:"瓶子要先平放在桌上,然后慢慢地转动瓶子,转动瓶子的时候,毛线要边拉紧边沿着瓶子绕,这样毛线就可以紧紧地绕在瓶子上,不会掉下来,或者重叠在一起。"根据他演绎的游戏过程,孩子们很快就掌握了用毛线装饰瓶子的方法,在后续的活动中孩子通过亲自尝试逐渐获得了这一技能,很少会出现毛线掉下来或者重叠在一起的情况。

2. 成果展示法

成果展示法就是教师在活动中发现某幼儿有创意的作品或有创新的玩法,并在讲评中予以展示,交流分享成果的方法。它主要通过让幼儿利用作品介绍自己的玩法或者让幼儿交流分享自己对作品的看法。如在创意美工坊的交流分享环节中,教师就可以将个别有创意的彩绘石头展示在幼儿面前,并请这些作品的作者来介绍自己的作品。"你是怎么装饰这块石头的?""我看着这块石头觉得它的形状像企鹅,于是我就把它装饰成企鹅了。""原来他是根据石头的形状来装饰石头的。"……这样的交流分享让幼儿一目了然地知道可以根据石头的形状来进行装饰。

3. 媒体呈现法

媒体呈现法就是运用录制游戏现场的视频或拍摄幼儿游戏场景的照片引导幼儿交流分享活动情况的方法。这种方法可以让幼儿更直观地回顾游戏现场的情况,或让其他幼儿更直观地了解同伴的活动情况,弥补了幼儿因记忆不完整或表达不准确而导致的情景再现不准确、不完整的缺点。有时我们可以通过镜头来记录幼儿游戏的精彩瞬间,帮助幼儿回忆,梳理其游戏经验。

4. 问题讨论法

在游戏的交流分享中,教师可以通过对幼儿游戏情况的观察,选择一些有价值的内容引导幼儿思考和讨论这些问题,从而总结出最佳的解决方法。因而,问题讨论法也是教师组织区域活动交流分享环节的好方法。但在使用这一方法时,教师应鼓励幼儿大胆地表达自己的想法,只有在这样的氛围里,幼儿才能踊跃地表达自己的想法,才能自主地思考解决问题的方法。

(1)"刨根问底",提高师幼互动质量

交流分享环节,当幼儿表述有困难时,教师要能解读潜藏在幼儿不完整语言背后的价值,运用追问策略帮助幼儿将自己的想法表述清楚。如在手影游戏中,依依和钦钦两个人利用错位站立组成的一幅"小狗爬山"影子图很有创意。但在交流分享时,钦钦只说:"我和依依变成了小狗爬山。"教师进一步追问:"哇,你们是怎样变成小狗影子和山影子的？还能让小狗动起来呢？"钦钦开始详细介绍他们的站姿和分工，并讲述了一小段小狗爬山的小故事。这样的师幼互动才能深度挖掘出幼儿的所思所想、情感体验、问题和疑惑，这才是有质量、有深度的师幼互动。

(2) "牵线搭桥"，引发幼幼互动

教师需要更多地把评价的话语权让给幼儿，引导幼儿相互评价。幼儿与同伴间的相互学习往往比单纯的教师评价更有效。特别是当大班幼儿有了一定的质疑能力后，教师可逐渐退出，为幼儿提供更多幼幼互动的机会，也可让幼儿组成小组进行直接交流、讨论，促进不同发展水平的幼儿相互学习。

教师怀着长期的游戏目标，在互动中渗透欣赏鼓励，在鼓励欣赏中体现激趣，在激趣中走近作品，在解读作品中发现精彩，在发现精彩中实现幼儿的全面发展。教师设计交流分享的具体要点、关键提问、互动形式、呈现方式等，充分关注幼儿的年龄特点、生活经验和实际需求，力求每次交流分享都能创意地洞察创作情感、创作意图和表现能力，从中获得创意美术的创作素材、灵感和学习方法，并应用迁移到后续创作中，也让幼儿慢慢形成一种看待人、事、物的多元价值判断视角。

5. 采访互动法

所谓采访互动法，就是在交流分享中教师或幼儿以记者的身份，运用采访的方式，引导幼儿介绍自己在活动中的情况。在运用这种方法时，教师需要根据幼儿的年龄特点设计有针对性的问题，引导幼儿介绍自己的活动情况。如针对小班幼儿，教师可以用"你今天玩了什么游戏？是怎么玩的？""你发现了什么？"等问题来采访幼儿。针对中大班幼儿，可以使用"在今天的游戏交流分享中，你有什么快乐的事情要告诉大家？""在今天的游戏活动中，你遇到了什么困难？你是怎么解决的？""还有谁遇到了困难，需要大家帮忙解决的？"等问题来引导幼儿交流分享自己在区域活动中的情况，帮助幼儿整理、提升游戏经验。

总之，在幼儿游戏活动交流分享环节中，以上各种方法的使用是相互渗透，交替进行的。只有我们教师在游戏活动中认真观察幼儿在活动中的情况，恰当地运用好各种方法，充分调动幼儿的积极性，发挥幼儿的主体性，才能更好地为下一次的游戏做好准备，才能有效地促进幼儿各方面能力的提高。

(三) 内容

找准落脚点，是分享交流环节取得成功的关键一步。幼儿在游戏过程中会发生很多事情,但并非所有的活动细节都可以作为话题进行切入。对此,教师应当对活动内容进行准确分辨,科学提炼游戏活动中具有交流价值的内容,将其记录下来,并以此为落脚点组织幼儿进行讨论交流。

1. 基于游戏"矛盾点"组织讨论交流

在绘本工坊中有一台互动电视,幼儿可以在上面任意绘画。可是问题来了,辰辰刚刚画了一座房子,珵珵来了,他在上面很随意地画了圈圈。这时,辰辰看了看没有说话,珵珵又走到了他的另一边画了圈圈。这时辰辰明显不乐意了,对着珵珵说:"你在干什么?"珵珵说:"我在画画啊。""你是在捣乱。""这个电视这么大,我为什么不能画?""可是我是在画房子,你那乱七八糟的。"两个人开始争吵起来。面对这种情况,只要没有肢体接触,教师可以不进行任何干预,但是要在最后的分享交流环节鼓励他们分享整个过程。例如,教师在最后说道:"你们能商量好各自画的内容和地方,这是一次非常棒的合作。在遇到问题时,我们可以争论,一起想办法解决问题。"教师要给予鼓励,这种鼓励既是对幼儿自主活动的极大肯定,也是一种良性提示:面对问题,要学会用商量讨论的方法自行解决。

2. 基于游戏"创新点"组织讨论交流

幼儿在游戏过程中未必会完全按照教师的预设行动,可能会在某一节点爆发出创意,丰富游戏的玩法,这也是需要教师准确把握的关键节点。教师可在分享交流过程中进行适当点评,进一步推动幼儿创新能力的发展和提升。

当然,也可以关注作品中的创意表现,如在创意工坊中,其作品可能会区别于一般美术作品,除常规美术作品应有的美感和各种技能是教师关注的要点外,各种创意的表现也是尤其需要关注的一点。例如:在活动"乱了"中,教师提供了各种颜色的水、小滴管和宣纸,让幼儿用滴管吸水绘画的方式作画,画出某样东西,这幅画的名字就是这样东西,比如彩虹、屋等。主要的难度体现在用抽象的表现方式画一样具体的实物,交流分享时,教师先把作品呈现,一一说出其名字,然后请幼儿说说"哪幅画最美"。幼儿的回答是"黑白的那幅画很美,有古镇的感觉""彩虹很美,赤橙黄绿青蓝紫,一看就知道"……从幼儿稚趣的语言中可以看出,幼儿能发现创意美术作品在构图、配色、造型等方面的美感。

3. 基于游戏优秀品质组织讨论交流

创作中的情感体验也值得关注。大班幼儿开始有意识地去创造形体,并尝试利用其自创的艺术语言与外界沟通，也渐渐形成其个人的表现方式。比如合作：在活动"七彩树"中，教师提供了若干盆树枝，幼儿合作为树枝涂上颜色，并选用某种材料制作花朵或果实粘贴于树上。活动前，围绕"4人怎样合作"的问题，让幼儿进行交流，挑战幼儿的认知经验。活动中，教师发现幼儿的合作表现在不同方面。A组：矮的幼儿画下面的树枝，高的幼儿画上面的树枝，分工明确；B组：每个幼儿拿一种颜色的画笔来画树，你画红的我画绿的，速度很快……不同的合作看出幼儿在努力扬长避短、提高效率。有些品质是融合在创意美术活动目标中的，如合作、兴趣、坚持等，有些品质可能是在活动中随机表现出来的，如感恩、抗挫、勇敢等，教师要善于发现不同创意美术活动对幼儿各种品质的发展，巧妙点拨，在分享中鼓励幼儿的优秀品质，令幼儿终身受益。

参考文献

一、著作

[1] Epstein A S, Trimis E. Supporting Young Artists: The Development of the Visual Arts in Young Children [M]. Ypsilanti: High/Scope Press, 2002.

[2] 艾尔·赫维茨,迈克尔·戴. 儿童与艺术[M]. 郭敏,译. 长沙:湖南美术出版社,2008.

[3] 安·S. 爱泼斯坦,伊莱·特里米斯. 我是儿童艺术家——学前儿童视觉艺术的发展[M]. 冯婉桢,等,译. 北京:教育科学出版社,2012.

[4] 杜卫. 美育论(第2版)[M]. 北京:教育科学出版社,2014.

[5] 顾书明. 课程设计与评价[M]. 南京:南京大学出版社,2015.

[6] 林琳,朱家雄. 学前儿童美术教育与活动指导[M]. 上海:华东师范大学出版社. 2014.

[7] 楼必生,屠美如. 学前儿童艺术综合教育研究[M]. 北京:北京师范大学出版社,1997.

[8] 蒙台梭利. 蒙台梭利文集 第一卷:发现儿童[M]. 田时纲,译. 北京:人民出版社,2014.

二、学位论文

[1] 陈晨. 基于儿童生活世界的幼儿美育研究[D]. 淮北:淮北师范大学,2021.

[2] 孙润江. 幼儿园中班创意美术教学的行动研究[D]. 成都:四川师范大学,2020.

[3] 王珏. 幼儿园创意美术教学中教师支持策略运用的实践研究[D]. 西宁:青海师范大学,2021.

三、期刊论文

[1] 常鑫. 刍议幼儿美育:寓教于美[J]. 基础教育研究,2019(17):91-92.

[2] 陈缎. 幼儿园创意美术环境的创设研究[J]. 文理导航(下旬),2021(3):69-70.

[3] 豆玉梅. 幼儿园功能室开展活动的指导策略[J]. 吉林教育,2016(18):155.

[4] 方周. 外国小学美术教育一瞥[J]. 教育,2006(21):58-59.

[5] 李晶晶. 美国高宽课程中视觉艺术教育概览与教育启示[J]. 早期教育(美术版),2018(3):4-6.

[6] 刘飞. 美育视角下幼儿园环境创设的理念与实践[J]. 陕西理工大学学报(社会科学版),2021,39(3):70-76.

[7] 马洁然. 高宽课程中的视觉艺术教育概览及启示[J]. 教育导刊(下半月),2017(2):92-94.

[8] 宁本涛,杨柳. 美育建设的价值逻辑与实践路径:从"五育融合"谈起[J]. 河北师范大学学报(教育科学版),2020,22(5):26-33.

[9] 钱初熹.以"中国元素"为核心的创意美术教育[J].美育学刊,2012,3(1):55-62.

[10] 田婧.将食育活动和五大领域融合,提升幼儿综合素养的策略探究[J].求知导刊,2022(26):32-34.

[11] 王丽.幼儿园创意美术活动的环境创设与实施探究[J].文科爱好者(教育教学),2021(6):206-207.

[12] 王诗卉,李秀玲.幼儿游戏中的传统审美教育[J].黑龙江史志,2013(15):231,233.

[13] 王文聃.儿童视觉艺术教育的基本依据及发展方向[J].文学教育(上),2021(1):148-149.

[14] 翁麦虹.幼儿美育教学中有效策略的尝试[J].美术教育研究,2017(20):164.

[15] 谢婷婷.浅谈幼儿园创意美术活动与环境创设的依与存[J].科技资讯,2020,18(14):109-110.

[16] 徐丹旭,宋永明.解读罗恩菲德的美术教育思想[J].艺术教育,2010(2):110-111.

[17] 杨光.微时代的美育问题及其当代转向[J].社会科学辑刊,2019(1):201-208.

[18] 叶浩生.身体与学习:具身认知及其对传统教育观的挑战[J].教育研究,2015,36(4):104-114.

[19] 英群.探索幼儿园美术创意坊活动的有效实施途径[J].好家长,2020(78):40-41.

[20] 张俊春.幼儿园美育的方法研究[J].课程教育研究,2017(36):209-210.

[21] 张小媛.发现美,探索美,创造美——幼儿创意美术研究[J].智力,2022(3):190-192.

[22] 郑东明.幼儿美育的途径和形式[J].当代教育科学,2003(13):47.

[23] 周美英.学前儿童美育策略研究[J].教育导刊(下半月),2011(8):68-71.

后记

秋,丰收的季节。

密云路幼儿园在建园三十六周年之际,我们满怀信念与期待迎来了新书《幼儿园视觉艺术创意活动设计与实施》的诞生。

新时代背景下确立的大美育观,形成从"创意美术"拓展为"以美启慧",从"美术"表现到"美感"浸润,从"创意"表达到"素养"积淀。以视觉艺术创意活动实施为有效途径,打通幼儿五感,融合各领域,体现五育融合"大美育"观,将"美"渗透于一日生活中。

我园视觉艺术创意活动的实践研究经历了"课程蕴育——特色引领——创新发展——系统构建"四个阶段,为幼儿创设美的浸润环境、共享美的互动体验、进行美的自主表达,促进幼儿全面发展,展现教师"以美启蒙"的智慧。

突破以往的教学传统,在实践中促进了幼儿在视觉艺术创意等创造性活动中的自主性、游戏化探索,营造了支持性的亲师幼氛围,深刻诠释、拓宽了"视觉艺术创意活动"的内涵及对幼儿的发展价值。

遵循"幼儿发展优先"理念,打通室内外空间与区域,提供幼儿在视觉艺术创意活动中所需的工具、材料,拓展幼儿游戏视野,增进师幼、幼幼的互动。提升教师的儿童意识,设计并实施多方共同参与的视觉艺术创意活动,以过程性评价支持幼儿主动学习。园所与家庭、社区联动,链接自然、社会和文化资源,共同创设良好育人环境。引导幼儿与周边环境积极交互,感受文化熏陶,激发幼儿的创意潜能。

本书是密云路幼儿园研究团队的徐晓青、谢永健、张思易、夏天天、雷颖、李燕、许圣瑜、黄晶禹等老师共同努力的结晶。再此,谨向密云路幼儿园的历任园长和老师们表示崇高的敬意和由衷的感谢!你们是研究实践的主力军,是团队的力量让我们的研究落地。一次次思维的碰撞,生成智慧的火花;一个个案例的研磨,述说精彩的故事;一场场专业的论坛,积淀厚实的理论。

更要感谢一路陪伴密云路幼儿园成长的专家团队：上海市教育学会幼儿教育专业委员会主任黄琼老师，上海市教委贺蓉老师，华东师范大学左志宏副教授，上海市教科院普教所党支部书记、副所长黄娟娟，上海市教育科学研究院杨四耕老师，虹口区教育学院学前教研室崔岚老师、许玭老师。他们为密云路幼儿园的研究项目指点迷津、专业把脉，让我们的研究方向更加明确、脉络逐渐清晰。

"品质课程"阅读书目

学校整体课程规划
学校整体课程规划的七个关键
教学诠释学

特色学校聚焦丛书

让个性自然发荣滋长："引发教育"的理论寻源与实践探索
面向每一个生命的教育
让每一个生命澄澈明亮："小水滴"课程的旨趣与创意
新劳动教育：时代意蕴与实践创新
自信教育与个性生长
好学校的精神特质

跨学科课程丛书

像博士一样探究：PHD课程的创意与探索

核心素养导向的课堂教学丛书

深度教学的内在维度：数学反思性学习的六个策略
具身学习的18种实践范式
课堂是照亮彼此的地方
以学习为中心的课堂范型
简练语文：教学主张与实践智慧
课堂核心素养

特色课程建设丛书

幼儿园特色课程的框架与实施
课程是鲜活的："大视野课程"的旨趣与活性
指向核心素养培育的学校课程图谱
让儿童生活在美的世界里：幼儿园全景美育的课程探索
核心素养与学习需求：学校课程建设导引
儿童自然探索课程

课堂教学新样态丛书

课堂,与美最近的距离:基于学科核心素养的课堂教学变革
协同教学:意蕴与智慧
决胜课堂28招
一百个孩子,一百个世界:基于差异的教学变革
课堂如诗:"雅美课堂"的姿态
在教室里眺望世界:基于BYOD的教学方式变革
课堂教学的资源设计与方式变革
境脉教学的实践范式与创意设计
任务驱动与学科实践
课堂教学的智慧属性与意义增值:"灵动课堂"的六个关键词

学校课程变革新取向丛书

平衡性变革:学校课程建设新取向
解构性变革:学校课程发展的突破口
赋权性变革:提升学科领导力
整合性变革:特色学科的内在生长
内生性变革:学科课程的生成机理
审美性变革:学校课程的诗意境界
协商性变革:基于集体审议的课程变革
扎根性变革:学校课程发展的文化路径
参与性变革:指向学习素养的课程开发

学校整体课程探索丛书

学校整体课程的文化逻辑
学校整体课程的深度实施
学校整体课程的系统设计

课程治理新范式丛书

以学生为中心的教育治理
实践型学科课程设计与实施